伴孩子成长的醇美心灵鸡汤丛书

孩子不听话，打骂不管用怎么办

孙向荣　主编

哈尔滨出版社

图书在版编目（CIP）数据

孩子不听话，打骂不管用怎么办 / 孙向荣主编. --
哈尔滨 ：哈尔滨出版社，2021. 2
（伴孩子成长的醇美心灵鸡汤丛书）
ISBN 978－7－5484－5771－8

Ⅰ. ①孩… Ⅱ. ①孙… Ⅲ. ①少年儿童－家庭教育
Ⅳ. ①G782

中国版本图书馆 CIP 数据核字（2020）第 246256 号

书　　名：孩子不听话，打骂不管用怎么办
HAIZI BU TINGHUA，DAMA BUGUANYONG ZEN · MEBAN

作　　者：孙向荣　主编
责任编辑：赵宏佳　张　杰
责任审校：李　战
封面设计：末末美书

出版发行：哈尔滨出版社（Harbin Publishing House）
社　　址：哈尔滨市松北区世坤路 738 号 9 号楼　邮编：150028
经　　销：全国新华书店
印　　刷：三河市华晨印务有限公司
网　　址：www. hrbcbs. com　www. mifengniao. com
E－mail：hrbcbs@yeah. net
编辑版权热线：（0451）87900271　87900272
销售热线：（0451）87900202　87900203

开　　本：880mm×1230mm　1/32　印张：28　字数：432 千字
版　　次：2021 年 2 月第 1 版
印　　次：2021 年 2 月第 1 次印刷
书　　号：ISBN 978－7－5484－5771－8
定　　价：152. 00 元（全 4 册）

前　言

“望子成龙望女成凤”是每一位家长对孩子的期望。但是，有些时候往往事与愿违，期望越大失望也就越大。父母是家庭的创建者，也是家庭的维护者。然而一个家庭的好坏并不是由家庭创建者和维护者来决定，是由家庭的所有成员来决定，家庭成员是相互依存的。孩子往往是家庭的中心，也是家庭的未来。孩子如果出现了问题，那么整个家庭的发展必定会受到影响。

在当今社会，想必每个家庭都会有一个熊孩子，就像家家都有本难念的经一样。随着孩子的成长，特别是进入叛逆期后，如何管教孩子成为许多家长的人生难题，有家长说比赚钱还难。孩子叛逆不听话的问题跟父母有很大的关系，一般都是在父母面前不听话，而在其他人面前却很守规矩。许多孩子在家长面前软硬不吃，摆出一副“威武不能屈”的架势，不仅难以教育，和家长矛盾还会进一步加深。

令很多家长头疼的是，命令式的管教在孩子身上已经无法再起到效果，很多家长不知道哪些方式可以帮助孩子顺利度过叛逆期。美国预防科学研究人员认为既能预防青少年危险行为，又能促进健康行为的方法是建立健康的人际关系。“如果你想帮助创造积极的结果，就必须和孩子建立良好的关系。这种方法是关于有意识的养育，而不是对事件的反应和反映。”西雅图华盛顿大学预防学教授凯文·哈格蒂说。

就是说，家长与孩子的良好的关系有利于孩子的健康成长，而在孩子出现问题之后再去严加管教则很难取得预想的效果。

除此之外，家长也要经常征求孩子的意见，学会让孩子做选择，而不是什么事情都给孩子安排妥当、不让孩子去参与或者经常对孩子说：“这件事情你就不要管了，管好你学习的事情就好了。”这样的话，会让孩子逐渐拉开与家长之间的距离，想要脱离家长的管束，越来越叛逆。

第一章 放低姿态，真正了解你的孩子

第二章 如何与孩子进行有效的沟通

第三章 如何与孩子建立良好的家庭氛围

第四章 不打不骂，巧妙赢得孩子的合作

第五章 积极引导，尊重孩子的发展

第六章 放飞心灵，关注孩子的心理健康

第七章 赏识教育，平凡的孩子也有“春天”

第一章

放低姿态，真正了解你的孩子

根据一项统计显示，很多父母每天与孩子单独谈话的平均时间只有7分钟，由此，幼教部门提出了一个口号："今天你与孩子谈话了吗?"并且要求父母要多花点心思去观察孩子，在观察中不要带有任何偏见和定论，目的是发现问题并解决问题；从对孩子的言谈与行为的观察，知道孩子的需要、兴趣以及发展情况，从而提供及时的帮助和教育。

例如，孩子有可能不管父母忙闲，不断地提出各种问题进行打扰。这时很多父母会产生错误的理解，认为孩子要他们帮忙，需要他们做什么。其实，这时候孩子也许只是想要得到家长的注意，或者需要家长对他表示尊重。如果父母平时很了解自己的孩子，这时又能准确领会孩子的意图，那么抱抱孩子，拍一拍或给他一个吻，表示一下对他的爱就足够了。孩子也会理解父母通过这一动作表明自己虽然忙，但还是爱他的，就会停止干扰……

一、你了解自己的孩子吗

无论父母和自己的孩子每天在一起的时间有多长，他们之间总有许多互不了解的地方。为了使你知道自己对孩子的了解程度，你可以回答以下问题。假如你有好几个孩子，请把答案分别写在几张纸上，然后让他们分别给你打分。这样不仅可以使你知道你对孩子的了解程度，而且可帮助你进一步了解自己的孩子。

1. 谁是你孩子最要好的朋友?

2. 你孩子喜欢自己的房间被漆成什么颜色?

3. 谁是你孩子心目中最伟大的英雄?

4. 最使你孩子感到苦恼的是什么?

5. 你孩子的最大忧虑是什么?

6. 在体育馆里，你孩子是喜欢看篮球还是喜欢其他活动?

7. 你孩子最喜欢什么类型的音乐?

8. 家庭之外对你孩子生活影响最大的是谁?

9. 在学校里孩子喜欢什么课程? 不喜欢什么课程?

10. 在你孩子做过的事中，他最感到自豪的是哪一件事?

11. 你的孩子对家庭最大的抱怨是什么?

12. 你孩子最喜欢什么样的电视节目?

13. 你孩子最喜欢做什么游戏?

14. 假如让你的孩子任意挑选世界上的一样东西？他会选什么？

15. 你孩子最喜欢哪位老师？

16. 什么事情会使你的孩子真正感到愤怒？

17. 在学校里，你的孩子是否感到他被其他孩子所喜欢？

18. 你的孩子以后想干什么？

19. 今年最使你孩子失望的是什么事？

20. 你的孩子是否感到自己的年龄过大或过小？

21. 在你给孩子的所有礼物中，他最珍爱的礼物是什么？

22. 在假期里，你孩子喜欢野营、去大城市观光，还是喜欢乘船旅行？

23. 你孩子最不喜欢做的是什么家务事（洗碗、打扫房间或倒垃圾等)？

24. 你孩子最近读什么课外书？

25. 你孩子最喜欢什么样的家庭场合？

26. 你孩子最喜欢吃什么？最不喜欢吃什么？

27. 在学校里你孩子有什么绰号？

28. 你孩子常在什么时候做家庭作业？

29. 你孩子最爱什么动物？

30. 你孩子的收藏物中什么东西是他最喜欢的？

把30道题目的得分核算，得出如下结果：

（1）答对 1 到 14 道题：说明你对孩子不是很关心，应该多和你的孩子交谈。

（2）答对 15 到 25 道题：说明你对孩子比较了解，但需要进一步了解你的孩子。

（3）答对 25 道题以上：说明你很了解自己的孩子，应继续保持下去。

二、了解孩子是教育孩子的基础

一些父母认为，自己的孩子，自己生自己养，每天生活在一起，还用了解吗？实际则不然，孩子身上，尤其是心灵上每天悄悄发生的变化，如果不精心对待的话，家长并不能了解。这是父母与孩子的天然差距所决定的。

“你了解自己的孩子吗？”

“当然了解！”几乎所有的父母都会这样回答。

俗话说：“知子莫若父”。父母在一定程度上是了解自己孩子的，并能说出他的一些特点。孩子从出生之日起就融入充满爱的家庭氛围之中，父母是孩子最亲密最值得信赖的人。家庭成员生活在一起，朝夕相处，为父母了解和研究儿童提供了时间和情感上的便利条件。应该说，天下没有人比自己更能了解自己的孩子了。但是父母的看法并不总是准确和全面的，也不总是能够考虑到孩子各方面特点的。

“察子失真”的现象在现实生活中是许多父母很容易犯的错误，这究竟是什么原因呢？因为父母经常与孩子在一起，就会对孩子的一些行为表现熟视无睹或视而不见。还有些父母忙于事业发展，累于生活琐事，很少能抽出时间专门地观察、研究自己的孩子，因而不能形成对孩子正确、全面的认识。这正如一句古诗所云：不识庐山真面目，只缘身在此山中。

了解和研究孩子是教育孩子的前提，古今中外的知名教育家对此都十分重视。英国教育家、思想家洛克指出：“教育上的错误比别的错误更不可轻视，教育上的错误正如配错了药一样，第一次弄错了，决不能弄错第二次，而在第三次去补救，它们的影响是终身洗刷不掉的。”家庭教育也不例外，家庭是孩子的第一所学校，父母是孩子的第一任教师，是家庭教育的主要实施者和责任人，是最直接、最经常、最主要的教育者。因此，家长在孩子的成长培养上起着举足轻重的作用。父母要能够洞察孩子的心，全面把握他们的长处和短处，再有针对性地“长善”和“救其失”，才能使孩子健康成长。

三、父母要正确理解叛逆期的孩子

而父母和子女之间难于理解，也是因为不了解，尽管最为亲近，且长期朝夕相处，却并不一定互相了解。我们经常看到一些类似的报道，孩子做出一些很特别的事情，甚至违法犯罪，父母开始都觉得不可能、无法理解，其根源就在于对孩子的了解不够。而处于主导、强势地位的父母，是形成互相不了解问题的关键所在，一般而言，主要是三大原因。

一是做父母的认为，孩子是自己生的、自家养的，看着他一天天长大，没有不了解的。他喜欢吃什么、偏好穿什么、爱好玩什么、有什么习惯、有哪些优点和缺点，都是了如指掌。然而他们的所谓了解并不全面，因为孩子们看过哪些书籍、报刊、电影、电视，浏览过哪些网站，玩过哪些游戏，接触过什么人，崇拜哪一类人，心里想什么等等，做父母的并不完全知晓。他们所了解的只是表面的东西，或者是仅与物质相关的方面，而普遍缺乏了解也是真正需要了解的恰恰是精神层面。

二是做父母的主观臆断。他们认为自己是过来之人，什么都知道，因而在教训孩子时常会说，“我吃的盐比你吃的饭还多，我走过的桥比你走过的路还长。”其实，绝大多数为人父母者并不具备心理学方面的专业知识，因而用自己的想当然去代替孩子的感觉往往是错误的。尽管做父母的也曾经为人子女，也有过从婴儿成长为成人的经历，但是当时的心境、体会不一定还记得清楚。不同的年龄会有不同的心理，不同的身份会有不同的想法。比如，初中学生由于生理、心理的发展以及知识量的增加，开始进入第二反抗期，逆反行为明显，即有人说的“少年十四五，天天气鼓鼓”，但好多做父母的并不了解，就认为孩子不懂事、不听话。即使是同龄人、同样的身份，每个人的心理也是存在差异的。

甚至在多子女的家庭，由于排行的不同，心理、性格等等也有各自的特点，一般而言，最大的通常比较沉稳，最小的往往任性，而处于“中间”排行的则有点“中庸”。

三是做父母的觉得孩子就应该理解父母的想法与苦衷。他们没有给孩子讲述过自己的经历，没有告诉孩子自己曾经的感受，没有对孩子解释自己为什么会有某些想法，只是认为自己的出发点都是为了孩子好，孩子就应该理解，就必须无条件地按照自己说的去做。

在上述情况下，相对弱势的孩子也就无从了解父母，如此也就不可能有互相理解。所以说，理解的前提是了解。

当然，了解之后还要解决理解的问题，否则，也可能因了解而引起更多的不理解，产生新的矛盾。办法主要有三点：一是做父母的要学一点心理学方面的知识，知道你的孩子所处年龄段的普遍心理；二是分析你的孩子的个性特征，从而知道他和同龄的孩子们相比，会有什么独特的心理；三是遇到具体问题时，要设身处地地站到孩子的角度去做些思考。

四、当前父母与孩子沟通中存在的不足

由于父母与孩子之间缺乏正确的了解，或者只了解表面的、片面的东西，也是很常见的。而要弥补因诸多的“不同”带来的了解的不足，就必须加强互相之间的沟通，尤其是内心深处的部分，仅凭观察、分析

是很难了解的，如果既不观察也不分析，那就更无从了解了。

一般而言，父母和子女之间沟通不足主要是四种情况：

一是不方便或者没有时间沟通。例如，有些父母在外地工作，孩子成了“候鸟”或者“留守儿童”，虽然现在通讯比较发达，但毕竟不太方便，时间也很有限。通过电话、书信、网络等等方式交流，效果总是不如面对面的谈话理想。也有的因为父母的工作或兴趣爱好比较特殊，有的工作时间太长，有的常上夜班，有的工作太疲劳，也有的是忙于自己应酬、娱乐等，他们和孩子的沟通就会很少。还有一种情形，就是孩子的学习已经非常紧张，而父母还要给其加码，布置很多“家庭作业”，让孩子参加各种辅导班，导致孩子没有一点闲暇时间。

二是做父母的认为没有必要沟通。他们觉得，父母和孩子双方只要各司其职、各负其责就万事大吉了。自己让孩子吃得好、穿得好、给他钱花、帮他进了好学校，甚至找了很好的辅导老师，自己该做的都做了，已经尽到责任，学得好不好则是孩子的事情，没有什么好说的。如果仍然学不好，那就应该批评、教训甚至打骂，无须沟通。

三是做父母的不会沟通。有些做父母的也很想和孩子沟通，但是不知道怎么沟通。这里又有两种类型，一类是父母的知识面过窄，又不了解孩子的心理，和孩子没有共同语言，找不到双方都感兴趣的话题；另一类则是方式不妥，态度欠佳，和孩子总是说不到一块，甚至还没说几句就开始争吵，结果是沟而不通，适得其反。

四是无法沟通。一般都是因为之前的教育方法不妥，或是受到其他一些因素的干扰，父母和子女之间的矛盾已经很深，沟通的渠道完全堵塞，造成只有“沟”没有“通”的情况。最近看到一则报道，一个原本素质很好的“富二代”，其父只给他钱花，只要求他学习好，却从来没有交流，父子之间的“沟”不断加深，父亲看到儿子总找茬，儿子看到父亲就躲避，结果，儿子为了释放心中的怨气而沦为抢劫犯。

所以说，了解的前提是沟通。

五、沟通的基础是尊重孩子

父母和子女之间缺乏沟通甚至是无法沟通，很可能是父母对子女不够尊重所致。因为没有尊重，父母说什么孩子都会有抵触情绪。态度好的，会默不作声，或者口是心非，应付了事，态度不好的则从争辩到争吵甚至争斗。随着孩子年龄的增长，其自尊心逐步增强，知识、智力、表达能力和体力等“实力”也不断增强，孩子会公开和父母叫板，结果是不再对话，只有对峙。

所以说，沟通的前提是尊重，良好教育的前提是尊重。科学的教育方法都强调对孩子的尊重，这是一条重要原则。然而，在中国，普遍存在父母对孩子不尊重的现象，其原因主要是三个方面。

一是历史根源。中国是一个封建历史最长的国家，传统观念、封建思想根深蒂固。虽然已经没有人再讲“三纲五常”，但它对人们的影响是很难消除的，比如，是否听话始终是中国人衡量孩子好坏的最基本的标准，“要听话”也成为家庭教育中使用频率最高的词汇。如果父母表现得对孩子很尊重，倒会被有些人认为是没有规矩、有失体统。曾经有一位女强人型的妈妈，女儿已经是初三学生了，她仍然什么都管，甚至穿什么衣服都是强迫命令，结果女儿无法忍受，只得给她下战书：“感谢你生育了我，但我不是你的奴隶……不给自由，宁可当贼。”落款“自由天使”。

二是现实原因。教育资源的严重不均衡、层层应试和激烈的竞争，逼得做父母的不得不像“官”那样去“狠抓”，像上级那样给下级下“指标”。“管”出好孩子，“抓”出好成绩成为首要任务，是否尊重孩子已经无暇顾及。

三是错误地认为孩子还小，不需要尊重。所以，不和孩子讲道理、只要求孩子怎么做的父母相当普遍，当众批评、挖苦、训斥甚至打骂孩子的情形也很常见，而且是年龄越小越得不到父母的尊重。

要解决尊重孩子的问题，首先做父母的要转变观念，不要将孩子当作是自己的私有财产，看成是自己的附属“物”。要树立“人格独立平等”的观念，把孩子当作独立的个体对待，尊重他们的人格尊严，尊重他们的隐私，尊重他们的见解。

其次，不要以为小孩子没有自尊心。人到底多大开始产生自尊心理？专家也是说法不一，有的说 1 岁以后，有的说是 2 岁开始，但据我观察，不到 1 岁的婴儿已经有自尊的表现，比如，大人之间谈到他的优点他就高兴，说起他的缺点就会皱眉，甚至发出怪声以示不满或进行干扰。因此，不管多小的孩子，我们都要给予应有的尊重。另一方面，在孩子的自尊心理尚处于萌芽状态时，我们更要注意呵护，让其健康发展，切不可使其受到伤害。

再次，尊重孩子的重要方面就是“倾听”。不要总是自己说让孩子听，甚至简单地将自己的观念、主张和行为准则强加给孩子，而是要多听听孩子怎么说。在自己的看法和孩子不一致的时候，要耐心听取孩子的心声，让他充分表达。特别需要强调的是，在父母认为孩子犯了错误的时候，不要不分青红皂白，先批评一通。要问清情况，要允许孩子解释甚至争辩。

综上所述，可以归纳为一句话：尊重、沟通、了解、理解，是良好的家庭教育的重要前提。

第二章

如何与孩子进行有效的沟通

在一个家庭中，父母与孩子之间如果能有平等、坦诚的交流与互动，会让孩子有更多的家庭归属感、安全感和幸福感，也会让孩子从中学习到如何在家庭之外更合理的待人接物。因此良好的、有效的沟通对孩子来讲至关重要，必将深刻影响孩子与他人、与社会的融合程度及应对态度。

一、掌握与孩子沟通的科学方法

（一）从小培养交流习惯

父母只有从小就用良好的沟通技巧与孩子建立交流习惯，亲子间才能拥有长久健康的沟通关系。对于如何培养交流习惯，著名脑科学家洪兰博士建议：“父母无论多忙，每周都应抽出 4 个晚上与孩子共进晚餐。”在餐桌上，父母与孩子进行高质量谈话，说说最近印象深刻的事，了解彼此的生活。父母和孩子同步更新观念，习惯在对方面前表达自己，家庭保持坦诚交流的氛围。

在很多时候，不是孩子突然变得陌生不好沟通，而是日常交流缺失，父母缺席了见证孩子思想变化的过程，导致无法理解彼此。

（二）学会共情，关注感受

有个著名的沟通公式，有效沟通＝67％情绪＋33％问题。只有情绪被接纳，沟通才能继续，问题才能解决。

可惜很多父母，只看到问题，看到分数不如意、孩子又闯祸，而看不见孩子的开心、委屈、不安，急于批评、纠正，让孩子感到很受伤。

电影《垫底辣妹》中，沙耶加的妈妈是一位很会共情的妈妈。沙耶加努力补习了很长时间，依然不及格。她低着头跟妈妈说“对不起”，妈妈没有责骂，而是看到了她背后的伤心和自责，把她拥入怀中，温柔地说："这件事不需要对不起的，你已经做得足够好了。如果觉得太累了放弃也没关系，你已经很努力了。"妈妈的理解和包容，让沙耶加不但对她敞开心扉，而且能一直毫无阻力和负担地奋力向前，最终实现逆袭。

（三）学会倾听，尝试理解

所有表达都是为了得到理解和接纳，父母和孩子之间也一样。

当有人问及刘墉是怎么把儿子刘轩培养成《超级演说家》冠军时，刘墉开玩笑地说，是自己特别会听，特别愿意给刘轩机会说。他习惯先耐心听刘轩说，再表达自己的意见，即便是不认同刘轩，还是会鼓励他说出观点和感受："爸爸说完了，现在轮到你来说服我"，表达自己愿意理解他的意愿。

在他看来，亲子间相互倾听和平和表达，是通往彼此内心的坦途。对于孩子而言，比完全理解他们更重要的，是父母在倾听和尝试理解的过程中，流露出的无条件的爱与支持。这也是父母与孩子沟通的最大意义。

作家苏岑曾说："能入我心者，我待以君王；不能入我心者，不屑敷衍。"虽然，父母与孩子间，是一段渐行渐远的缘分。随着孩子长大，父母与孩子大概无法始终无话不谈。但只要父母在沟通中对孩子多一分倾听，少一点否定；多一分共情，少一点指责；多一分关爱，少一点苛求，那么彼此的心门便一直会向对方敞开。即便孩子长大，当他遇到问题和困难，还是会想到向父母寻求温暖慰藉，仍愿意坦诚交流对人生的观点态度，而不是独自纠缠痛苦却不愿意透露半分。

二、与孩子的有效沟通从倾听开始

倾听既是家长教育孩子必须具备的一种能力，也是教育孩子的一个好方法。这是因为孩子的教育 80%在于沟通，20%才是教育，只要沟通到位，教育不是一件很难的事情。而倾听正是亲子沟通必不可少的一个重要环节。因此，要解决孩子存在的问题，首先要解决和孩子的沟通问题，而要使沟通顺畅，家长必须要学会和掌握倾听的技巧。

但在日常生活中，大多数家长所犯的错误恰恰是忽视了倾听。许多家长经常扮演着一个说教者的角色，只顾自己唠叨，不爱听孩子的话，一次次拒绝和打断孩子说话，时间久了孩子就不再愿意与父母对话，沟通也就非常困难。当你抱怨孩子不愿意与你沟通、孩子总把事情闷在心里时，你有没有想过，孩子为什么不愿意与你沟通。事实上，每个孩子都是愿意与父母沟通的，但亲子之间的沟通之门往往被父母在无意中关闭了。请看看下面这些经常发生的场景：

场景一：妈妈正在做饭，孩子回到家高兴地跑到妈妈身边说：“妈妈，我们班今天发生了一件很好玩的事！”妈妈却说：“没看我正忙着？还不快去做作业！别整天疯疯癫癫的光想着好玩。”孩子一下子蔫了。

场景二：爸爸在看电视，孩子走到身边说：“爸爸，我想跟您说件事。”“行，什么事？你说吧！”爸爸答应了孩子的要求，但却没有认真倾听孩子的诉说。孩子说的时候，虽然在哼哼呀呀地附和着，但眼睛却一直盯在电视上，根本不正眼瞧一眼孩子。最后，孩子气呼呼地说：“不跟你说了！”转身离去。

场景三：班主任打电话找家长，说孩子在学校打架了。孩子放学回到家，一肚子怒火的你开口就骂：“你这个浑小子，整天不干好事，净干坏事！”孩子嘟囔着：“我、我……”似乎想说明打架的原因。“我什么我，你还有什么好说的？”孩子委屈得流下了泪……

从这几个场景中我们可以看到，很多时候不是孩子不愿意说，而是做家长的容不得孩子说。这样的做法，怎么能够全面地了解孩子，怎么能够走进孩子的内心世界呢？不了解孩子，与孩子沟通能不费力吗！要想和孩子沟通，就必须学会倾听。倾听是和孩子有效沟通的前提。不会或者不知道倾听，也就不知道孩子究竟在想什么，连孩子想什么都不知道，何谈沟通？

那么如何正确的应用倾听艺术，使自己在和孩子沟通的中收到良好的效果呢？

一要有主动倾听的意识。父母千万不能因为孩子小，就忽略他们的阐述。不要总是居高临下，而是要经常蹲下去，与孩子面对面，平等地互相倾听与诉说。倾听孩子谈话的过程中，运用眼神或简短的语言表示出你听的兴趣。切忌表现出不耐烦，或说出让孩子扫兴的话语。

二要允许孩子申辩、解释。现实生活中常会有这样的情况：孩子犯错时，父母凭着自己了解的情况对孩子的行为做出评价和责备，当孩子申辩、解释的时候，父母会气上加气，对孩子一声断喝："住口，不用解释了！"这种做法对孩子会造成很大的伤害。孩子有时候犯了错，可能有一定的原因，应该让他申辩和解释，总是用"你不用解释"来制止孩子，孩子渐渐就会放弃为自己辩解的权力，他会背着许多冤屈，一个人默默承受，长久下去可能会造成严重的心理问题。

三要善于运用倾听的净化作用，协助孩子排解情绪方面的问题。倾听是了解的开始，在心理学上，倾听更具有净化作用。当孩子遭遇挫折、困顿、失败和难过时，积极地倾听能够沉淀和过滤孩子复杂而奔腾的情绪，帮助孩子解决存在的问题。就像眼睛里进了一粒沙子会很难受，但当眼泪将沙子冲洗出来后，便会觉得舒服多了。请看以下的案例：

孩子：妈妈，我讨厌上学，因为全班的同学都欺负我。

母亲：全班的同学都欺负你？

孩子：对啊！我跟艾莉借橡皮擦，她都不肯借给我。

母亲：你觉得很没面子？

孩子：玛莎和我赛跑输了，就说我偷跑，其实我根本没有偷跑。

母亲：嗯，还有呢？

孩子：老师叫我登记成绩，他们就说我是马屁精。

母亲：嗯……

孩子：我的作文被老师贴在墙报上，特伦斯就说我是抄来的。其实，我没有抄。

母亲：那怎么办？全班的小朋友都在欺负你。

孩子：其实……也没有啦……不是全班啦！

母亲：有一半的同学在欺负你。

孩子：也没有那么多啦！

母亲：至少有十个同学欺侮你吧！

孩子：哪有？这次班上全数通过，我当选模范生呢！

母亲：哦……

孩子：其实就只那三个人啦！因为他们嫉妒我的功课比他们好！可是……也还好啦！上次他们还请我吃冰淇淋，有一次我脚痛，特伦斯还帮我打午餐呢！

这位母亲没有大段的说教，只是用简短的回应，特别是用“嗯、哦”等简单的回应，就帮助孩子澄清了情绪和想法，解决了他认为全班同学都欺侮自己的问题。

四是要注意运用反映式倾听，帮助孩子找出问题的症结。所谓反映式倾听，就是试着了解孩子的感受和想法，然后用不加入自己的意思、分析、劝告及任何判断的话表达出来，向孩子求证，进一步了解孩子话语中隐含的意义，找出孩子隐藏的感受和问题的症结，帮助孩子从合理、正面、积极的角度觉察自己的感受，使负面情绪得到疏解。可见，反映式倾听是一种开放式的沟通方式，是父母对孩子感受表达的回馈，让孩子有“我被了解”的感觉。例如，孩子带着怒气告诉父亲：“我讨厌体育老师，他从不让我上场参加篮球比赛，每次比赛我都是坐在场边。”父亲听了这话后的反应大体会有下面几种：

其一，“你应该告诉体育老师你的想法，应该知道怎样为自己争取权利。”

其二，“你自己技术不行还怪老师！小时候叫你练球你就是不肯。”

其三，“我相信通过练习你会进步的，要有耐心，老师还没看到你的潜能。”

其四，“我去找你们老师谈谈。这对你不公平，你想打球怎能不让你打。”

上面的四种反应都不能有效的帮助孩子解决问题，甚至会导致孩子出现其他问题。那么我们看看如何采用反映式倾听，帮助孩子解决自身的问题。

爸爸：“看样子你在生老师的气，因为他没让你参加比赛。”

儿子：“可不是吗？打篮球挺有趣，尤其是在比赛的时候。”

爸：“你很想参加比赛，可是你现在有点失望，因为同学之间有竞争。”

儿子："是啊，也许我应该加强练习，提高球技，才能有机会上场。"

由上例可见，所谓反映式倾听，是父母在听孩子讲话时，简单扼要重述孩子的感受以及这种感受产生的情绪原因。父母就像一面镜子，把孩子说的话或表达的感情接收过来，然后再反映回去。反映式倾听是一种尊重孩子的态度。父母可以不同意孩子的想法，但通过反映式倾听表示愿意真诚地了解他们的感受，包括字面上的意思或隐含于背后的意思。

五要巧妙的表达你的意见，在倾听孩子的述说中，不要表示或坚持明显与孩子不同的意见。因为孩子希望的是家长"听"他说话，或希望家长能设身处地的为他着想，而不是给他提意见，批评他。你可以配合孩子的述说，巧妙地提出你的意见，比如孩子说完话时，你可以重复他说话的某个部分或某个观点，这不仅证明你在注意听他所讲的话，而且可以用下面的答话陈述你的意见。如："正如你所说的，我认为……"等。

三、怎样去理解孩子的尊严

孩子在成长发展过程中有一种强烈的尊重需要——对于自尊、自重和来自他人的尊重的需要或渴望。这一需要的满足与否对孩子积极自我的确立及和谐人格的发展具有重要意义。但是，由于所处的心智阶段的限制，孩子内心中被尊重的渴望无法像饥、渴、睡、泄等生理需求那样简单明了地表达给成人，而是要通过一些具体的行为展示出来。因而，对于父母来说，看透孩子的行为表现，识别他的真实意图，是很重要的事。孩子尊重需要的表现形式可以归纳为这样几类：

（一）要求得到成人的关注

孩子是在与外界环境的互动中发育成长的，成人的关注是他们的生理需要、安全需要得以满足的首要条件。同时，孩子也通过成人的关注来确认自己的存在。一岁之前，孩子借助哭闹、微笑等手段吸引成人的注意力。学步以后则通过自我表现来达到目的。大多数情况下，孩子会用积极的办法引起成人的关注，如主动招呼父母来看自己搭的积木、画的画、做的某个动作，要求父母帮自己数跳绳、拍球的次数等，他们迫切地希望父母（或老师）看到自己，从成人的关注中获得自信和自尊。

有时，孩子也会用一些消极的办法引起注意，如把整洁的房间搞得乱七八糟，把某件物品打烂，在有客人来访时大吵大闹生出事端。有时，孩子还会借助一种更为隐蔽的方式表达自己的需要。如反复强调自己的不舒服，“我被虫子咬了”“我肚子好痛”等。其实这些状况并非实情，只不过是孩子的又一种引起成人关注的信号，孩子是想通过父母对他们的关心感觉到自己的重要。

（二）要求自主，对抗成人的意志

就整个学前期来讲，接受成人的意愿，服从成人的安排，构成了孩子生活的主要内容。然而一味地顺从听话，势必抑制孩子的天性。为此，孩子在尊重需要的支持下表现出自主性行为——不依赖他人自由地做出判断与主张。比如他们会自己选择穿哪一件衣服，自作主张看哪一部卡通片、玩哪一个玩具，把父母的要求当作耳旁风。在成人看来，也许孩子的行为理由根本站不住脚，他们的标准也让人难以捉摸，但孩子却在尽可能大的范围内坚持自己的主张，一旦如愿，他们便像打了胜仗的战士一样志得意满，而绝不会对成人的失望与无奈怀有一丝歉意。

（三）要求被赞扬和被认可

“孩子都爱听好话”“哄小孩”等日常言语从经验层次反映出孩子的一种普通倾向，即喜欢被成人赞扬和认可，由于这种需要倾向，孩子除了要求父母对他们的各种“杰作”“本事”给予关注以外，还迫切希望得到成人的夸奖和表扬。一句“你真能干”，往往可以让他们喜滋滋的神情持续很久，并激励他们充满信心地去做别的事情。反之，如果孩子从父母那里得来的信息是自己做得很不好，则会使他们兴趣索然，不愿、不敢去做其他事。之所以如此，是因为父母的认可与赞扬直接作用于孩子的尊重需要，正向的鼓励与肯定可以激发孩子的积极情绪，增强孩子的自信心，满足孩子的尊重需要；负向的批评与否定则导致孩子消极情绪的产生及尊重需要的匮乏。

（四）要求负责

要求负一定的责任是孩子自主性行为进一步发展的产物，一个常见的现象是孩子不再顺从于成人的包办代替，而是要求“我自己来”。于是，从服务于自己的吃饭、穿衣、洗澡到成人的烧饭、擦地，孩子都想“插一手”。他们跑来跑去、忙个不停，即使被成人称为“帮倒忙”也乐此不疲，除非遭到强令禁止、训斥，被赶到一旁，才肯罢手，限于发展的水平和已获得的社会经验，孩子能完成的负责行为毕竟很有限，但他们却从这有限的行为中看到了自己的力量，自己对这个世界的操纵和控制，由此而得到成就感、自尊感的体验。

（五）要求有自己的空间

孩子行为控制能力虽然很弱，但他们仍渴望拥有一块领地，这块领地既是空间上的，也是心理上的。在那里，他们可以随意摆放自己的物品、玩具，给玩具分配角色、安排任务，可以讲述自己的故事，倾泄情感，保存自己的小秘密。在成人眼里，也许这块领地里的一切，连同小孩子的心计均可以一目了然，但绝不可以轻意点破。因为，一旦让孩子发觉自己的秘密全在成人的掌握与控制之中，他们的尊重需要就会遭受挫折，滋生出自卑、弱小无能之感，从而丧失基本的自尊与自信。

四、不做强势妈妈

有人说：母亲一手摇着摇床，另一只手却在摇动整个世界。这句话的意思是说，如果你在家里教育一个男孩，那是在为社会培养一个公民；如果你在家里教育一个女孩，那是在培养一个民族。因为她将来也会做一个母亲，会把自身的种种优秀品质代代相传。母亲在家庭教育中的重要地位、作用是任何人都无法取代的。抚养孩子是母亲的天职工作，母亲对社会的最重要的一种贡献就是在孩子的幼年阶段向他们传递自己对于人类思维成果和行为方式的理解。

确实，母亲的言行对孩子形成自己的思维和行为方式起着相当重要和直接的作用。但如何正确地引领孩子健康成长，却是现实生活中很多母亲所欠缺的一种技能。

我们常常抱怨现在的孩子太没主见，依赖性太强，但很多妈妈却没认识到，这种没主见和依赖恰恰是由父母的大包大揽造成的，而妈妈在其中的影响力更要大于爸爸。因为受“家长特权”心理的影响，很多妈妈常常会把自己的意志无形地强加给孩子，而孩子只能在这种种强加中拼凑着自己的思维方式。所以，更多的妈妈变得越来越强势，孩子则在这种种的约束中变得越来越趋向“弱势”。下面是一些母亲的观点。

（一）我是他妈，不听我的听谁的

方女士，企业财务：

也许是专业关系，生活中的我做事风格也很严谨。尤其是在对我儿子的管教上，我承认我有点主观，有时候几乎是专制。其实，可能是因为我父母从小对我管教严格的关系，我始终认为，家长就应该有家长的威严。现在的小孩吸收新事物的渠道和速度远远超过大人，你不严格管教，孩子很容易走岔路。一直以来，丈夫工作很忙，由我来管理儿子生活中的一切。这在我和我家人眼里已成定式，我也习惯了儿子的一切由我来安排。七八岁的孩子对许多事物的认识还处于启蒙阶段，更不具备自己的判断能力，此时正需要家长的帮助和引导，我管教他、约束他是理所当然的。

我儿子今年夏天开始上学了，在我眼里原本乖巧的孩子，上学后，开始有了自己的主见，偶尔还会违背我，或者与我争辩。记忆最深的是十一长假，他被同学邀请去家里玩，我答应了，长假休息七天，玩一两天，也不会影响学习，何况，我也希望他是个善于与人沟通和交流的人。但后来，他提出要回请同学来家里，我没答应，并不是小气，实在是怕麻烦。我和丈夫双方父母年纪都大了，平时根本没精力来帮助我们，一家的日常起居，包括孩子的接送，都由我和先生自己承担，很辛苦。难得有个长假休息调整一下，来这么一帮半大不小的小家伙，跟在他们后面转都来不及，太累人了。

孩子很委屈，找爸爸帮忙，最终还是被我拒绝了。先生怨我对孩子太严厉，我的理由是不立规矩，怎成方圆。尤其对小孩，父母只能是说一不二，经常出尔反尔，那还怎么立威信，他以后还能听你的吗？我就是要儿子明白，我是他妈，他听我的话是应该的。这次期中考试，儿子没能得双一百，他的解释是粗心。这种理由被我毫不客气地推翻了，不好就是不好，找理由只是为了给自己退路，让这个不好变成合理化，小小年纪就学会这一套，长大了，还能认识到自己的错吗？

爷爷奶奶和外公外婆偶尔来看孙子，会不满我的教育方式。面对他们的不满，我会耐心地解释（当然是背着我儿子）。他们虽然年纪大了，但还蛮能理解我，最多把我说一通，也就不再干涉了。其实，我的专制只对我儿子，因为我认为这样做是必须的。他是我的儿子，我有教育他和培养他的责任，即便别人认为我太强势，但我认为有必要这样，至少在他目前这个年龄段是必要的。

（二）母亲管孩子，天经地义

韩女士，外企员工：

我和丈夫在管教孩子的问题上经常发生争执，后来因为他工作繁忙，本身也没多少时间来管教孩子，再说，我们生的又是女儿，所以，以后孩子的教育大事就以我为主。

其实，要管孩子还真不容易，现在都是一个孩子，平时总是宠爱多于管教，尤其是作为母亲，总希望什么事都能替她考虑周到，不希望她吃亏，所以，下意识地就会把成人的思维方式强加给她。可以说，所有的父母都希望孩子的成长道路是一帆风顺的，总希望能通过自己的经验和阅历帮助她规避所能预测的不利因素，所以，很自然就会出现强势母亲的现象，我也不例外。

女儿从小就喜欢唱歌跳舞，我只当是女孩子的天性，但小学两年级的时候，老师觉得她有文艺方面的天赋，希望家长能够多抽点时间重点培养。当初因为女儿年纪还小，学业也不繁重，所以我也就没反对。

女儿从穿衣到是否留长发，从书包的颜色到铅笔橡皮的品种都是由我一手操办。因为跳舞，老师希望女儿能够把头发剪短，孩子也觉得长发太烦，一出汗，头发就粘在脸上，很难受。但我有长发情结，总觉得女孩子留长发特别漂亮，还可以翻很多花样，戴各种头饰。因为我的坚持，女儿还是保留了长发。老公常常提醒我，管得太多，反而会害了孩子，但我不这么认为。

随着年龄的增长，孩子的学业越来越重，每天应付作业就已经够累的，还要参加兴趣班，经常外出演出，能保持充足的睡眠已经很不错了，根本没时间管其他的闲事。所以，我想不管也不行。就我个人认为，所谓的强势妈妈、弱势孩子，从某种程度上来讲，也是环境所迫。管与被管的习惯是在相当长的时间中逐渐形成的。

确实，像我女儿这样的孩子依赖性很强，独立性相对较差，我也很担心。所以，我希望尽我全力让她少走弯路，少遭挫折，并希望能随着年龄的增长，她的自我保护能力也能增强。将来会发生什么事谁也说不清，至少在我还有能力管的时候，我仍然会继续我的做法，相信女儿也不会有什么异议。

（三）我的强势带出女儿的强势

吴女士，国企员工：

我认为，强势是要从小培养的。我很放心自己的女儿，相信她虽然是个女孩子，但不会轻易被人欺负。在学校里，也有男同学想欺负她，最终反被她教训了一通。后来，该男生的父亲还去学校找过我女儿。女儿回家把这事告诉我，听得出，她希望我也能去学校帮她说话，但我没那么做。

我一直教育女儿，不能以强欺弱，但也决不能无故被人欺负，你们同学间发生的事，应该由你们自己解决，作为家长最好别插手。如果你能做到让别人以后不敢欺负你，那是你的本事，做不到，你只能被人欺负后回家哭。女儿很好强，从那以后，在学校无论遇到什么不愉快的事，她都能凭借自己的能力去解决。不久前开家长会，老师告诉我说："你女儿真的很能干，胆子大，不轻易屈服，但也知道在适当的时候妥协。"那次同学家长来找她，老师问她为什么不叫妈妈来学校，她很理直气壮地说："同学之间发生矛盾应该自己解决，找家长来助威真没出息。"女儿的强硬在班里已经出名，只要她有强硬的道理，我支持。

（四）强势妈妈容易给孩子造成心理负担

曹小姐，在读研究生：

母亲与小孩之间的关系一直较为微妙。如果真是说起强势妈妈这个概念，归到传统理念上，大家还是会认为：打是亲骂是爱。但是要注意的是这个"强势"的程度，如果是将孩子的思考模式和行为方式都强行纳入自己的价值体系，我认为这个关系就有些畸形了。因为妈妈的出发点是使孩子明白正确的价值观念与处事方法，如果一味以自己的标准要求孩子，很可能会造成孩子超过自己年龄层次的心理负担，而且，从妈妈行为的逻辑起点分析的话，造成强势的原因并不仅仅是客观上为孩子着想，很可能是生活、工作中各种压力的积累造成的。

换个角度，如果孩子在家中习惯了弱势的地位与应对方式，很可能会造成两个后果，一是对妈妈强势地位的向往，从而在家庭之外产生过于强烈的对强势地位的需求；二是一直居于弱势地位，无法完成角色转换，在家庭之外也过于胆怯。

我们都会唱“世上只有妈妈好”，但如果有时候妈妈干涉子女太多，就会让孩子觉得“妈妈不好”了。毕竟妈妈的身份应该是给予孩子更多的关爱、宽容以及尊重，而不是一味地要孩子听从自己的意愿。特别是当孩子一天天懂事，他们也会有自己的思想、自己的朋友，所以，作为母亲，要多和孩子沟通和交流。

现在社会上有一种妈妈，她们自己在事业上是很成功的，同时，她们希望孩子也做到最好，作为她们争取面子的一种手段。一旦孩子没有做好，就可能就会遭到母亲的责骂，这样会造成孩子心理上的自卑。其实，现在的孩子更应关注心理健康，让孩子的童年有一个美好快乐的记忆，也为他们走向社会奠定一个良好的心理基础。

五、了解你的孩子属于哪种类型

有些孩子生来就有取悦他人的倾向。这种类型的孩子常会做些并非自己真的想做的事情，或者放弃一些他们很想参加的好玩活动，只为了让别人高兴。

还有一种孩子往往冲动地对抗别人，或做一些会为自己带来麻烦的事情，比如说些反对大人的话等。他们深知有害无益，但他们一点也不以为意。

针对不同类型的孩子当然要采取不同的教育方法，第一种类型在事情发生之前，必须先给他警示，并让他知道事情将如何发生；第二种类型如果先给他警示，他反而会紧张和焦虑不安。由此，后者必须采取出其不意的方式，并静待他能有最佳的表现。

你知道自己的孩子属于哪种类型吗？在现实生活中你又是如何教育自己的孩子的？针对孩子的不同类型，我们做出了如下的归纳。

（一）认知型的孩子

如果是认知型的孩子，那就比较适合美式教育法，平常要以朋友的方式来对待。与孩子沟通时一定要以理服人，莫让孩子感觉你在以大欺小，这样孩子会比较容易接受。你对孩子有某些想法或要求时，可以以征求的语气说出来，比如："小宝，妈妈觉得这件事这样做会好一点，你看是不是？"或者"妈妈觉得这衣服比较适合你，你觉得怎么样？"这样，孩子的想法会得到尊重，同时，也调动了孩子动脑思考的积极性。

同时，认知型的孩子大多内省能力比较强，所以在孩子犯错误的时候，可以先诉情，比如说"你这样做，妈妈很难过，很伤心"之类的话。孩子在看到妈妈不开心的样子而且没有责怪他时，就会自我反省所做的事，而且犯错后抗拒的心理情绪也会相应下降，接下来的说理就会很顺利，孩子一般不会再狡辩了，也可以有效的避免亲子之间发生冲突。

在语言的运用上一定注意不能用“你怎么这么笨，你怎么这么不听话……”之类的话。经常说一些“你这样做，我怎样……”之类的话，孩子会比较容易接受。

（二）模仿型的孩子

如果是模仿型的孩子，他的模仿能力很强，只要他感觉好玩或有兴趣的事物，不论好坏，他一律都会学过来，所以孩子的玩伴须慎重选择，而且要及早告诉孩子什么是正确的，是该学的，什么是不好的，是不该学的。孩子与父母相处的时间最多，所以父母一定要以身作则，不要在孩子面前有不良的表现，以免孩子有样学样。平时多说一些孩子好的表现，并鼓励夸奖，使孩子对好的事物加深印象，形成良好的习惯。另外，多给孩子读一些伟人传记、历史典故以及寓言，给孩子树立榜样等，这些都能很好地规范孩子的行为。

（三）逆思型的孩子

如果是逆思型的孩子，那么恭喜您，虽然孩子的一些行为与常人不同，但他却拥有很强的创新能力，具有发明家的潜力。所以掌握好孩子的特质并用适当的方法去沟通，那么以往令你头痛的“爱找麻烦”的孩子也会很容易地向你规划好的方向前进。本类型的孩子思维方式与常人不同，他们常常从我们意想不到的角度考虑问题，让有的家长、老师觉得很好笑。

其实这只是孩子与我们常人看事物的角度不同而已，不代表孩子的见解、行为有错。所以我们做家长的，这时一定不要立即斥责孩子，而是应该站在孩子看这件事时的角度给予理解、引导。切忌不尊重孩子的意见，强迫孩子顺从大人的意思，应该以激将法让孩子向相反方向前进，比如可以对他说：你不做这件事，不是因为你不想做，而是因为你根本做不到，或者与孩子协商制定一个合理的管理奖励办法，以激发孩子的动力。

（四）开放型的孩子

如果是开放型的孩子，则会拥有开放思考以及大量吸收的能力，像海绵吸水一般，可以大量的教授孩子各类知识，不要怕孩子吸收不了，也不要怕孩子太小，会感觉累，正常情况下孩子都会很轻松的吸收、消化大量知识的。如果有家长陪同学习、一对一辅导效果更好。如果你培养的力度、广度不够，孩子的潜力就会被浪费，反之，孩子的许多智能、技能都会有长足的发展。

六、让亲子关系更和谐的家庭氛围

大家如果回首童年或许会感慨地发现，那些让您刻骨铭心受益终身的教育大都是您最喜欢、最爱戴的人给予的，而那些美好的记忆与您所厌恶的人可能毫不相关。父母几乎都能感受到这样一个现象：孩子如果喜欢他们的老师，就可能喜欢这位老师的课以及他要求的一切；孩子如果讨厌他们的老师，则可能讨厌这位老师的课以及他讲的一切。孩子对于父母或其他人的关系也基本上如此。大家面对现实也许会感到，当您与孩子的关系发生了问题，您的教育也会随之陷入困境。所以，如果用一句话说出什么是好的家庭教育，那就是：好的亲子关系就是好的家庭教育。

（一）关键在定位

好的关系胜过许多教育。妈妈什么时候与孩子关系好，对孩子的教育就容易成功；什么时候与孩子关系不好，对孩子的教育就容易失败。而建立良好的亲子关系，其关键在于“定位”：

1. 不当“法官”，学做“律师”

有些妈妈看到孩子出了问题，便迫不及待地当起了“法官”，这是很危险的。孩子的内心世界丰富多彩，家长要积极地影响与教育孩子，不了解其内心世界便无从谈起。而了解孩子的第一要诀是呵护其自尊，维护其权利，成为其信赖和尊敬的朋友，即家长对待孩子要像“律师”对待自己的当事人一样，了解其内心需求，并始终以维护其合法权利为宗旨。

2. 不当“裁判”，学做“拉拉队”

在人生竞技场，孩子只能自己去努力，妈妈既无法替代孩子，也不该自作主张去当“裁判”，而应该给予孩子一种保持良好竞技状态的力量，即“拉拉队”的力量。这样更能帮助孩子建立自信心，而这正是家庭教育的核心任务。做孩子的“拉拉队”，既要善于发现和赞美孩子，还要引导孩子正确面对失败，在挫折前做孩子的战友。

3. 不当“驯兽师”，学做“镜子”

孩子只有认识自己才能战胜自己，但他们通常只能依据他人的反馈来认识自己，这时妈妈的“反馈”作用即镜子的作用就很重要了。不做“驯兽师”，学做“镜子”，才能帮助孩子提高自我意识，才能让孩子不害怕妈妈的“权威”，转而和妈妈沟通。

教育是三分教、七分等，“等一等”是很有用的。比如我们被蚊子叮一下，不管它，很快就会没事，若总去挠，却要很长时间才能好。原因就是人体有一定的自我治愈功能，被蚊子叮一下如果不去抓挠很快就会好，施加外力只会适得其反。教育也是这个道理。停下来，等一等，给孩子倾诉的机会，和孩子有效地沟通，不用教育就能解决问题。

（二）跟孩子做朋友

孩子都想和妈妈站在同一个立场上，这让他们感到“被了解”。爱默生曾说过：“被了解是件奢侈品。”的确如此，孩子需要被了解，并且是朋友般的了解，家长只有把他们当作自己的朋友，才会被他们所接受，否则，你就无法和孩子建立起健全的关系。只有朋友的关系，才是彼此之间充满信任感的沟通。

在中国近代史上，出了三位特殊的女性，她们是：宋霭龄、宋庆龄、宋美龄三姐妹。老大宋霭龄嫁给了孔祥熙，孔祥熙是国民党政府的财政部长；老二宋庆龄嫁给了孙中山，被尊称为“国母”；老三宋美龄是蒋介石的夫人，宋家姐妹三人一生的成功与她们的家庭教育有着直接的关系。

在对待子女的教育上，宋氏父母坚持三个最基本的原则：一是“不计毁誉，务必占先”，二是男女都一样；三是和孩子们交朋友。早年，宋嘉树追随孙中山先生革命，他首先在自己的家庭开辟了一块没有封建思想束缚的乐园，使三个女儿在民主、平等、先进的生活环境中健康成长。在三个女儿中，宋霭龄和宋美龄天资聪慧，大胆泼辣，在她们刚满5岁时，宋嘉树就把她们送到寄宿学校——中西女塾去读书。老二宋庆龄与姐姐、妹妹一样聪明，但不像她们二人那样大胆泼辣，锋芒毕露。7岁时，父亲也把她送到了中西女塾。由于宋嘉树早年的教育讲究中西结合，在宋霭龄15岁时，宋嘉树夫妇便把她孤身一人送到美国求学，因此，宋霭龄是中国近代史上最早赴美国接受高等教育的女子之一。两年多以后，宋氏夫妇又把二女儿宋庆龄和三女儿宋美龄也送到美国学习。当时宋美龄年仅11岁。由于年龄小，所以在威斯里安女子学校注册为特别生。从此，宋家三姊妹全都去了美国，接受西方高等教育，宋嘉树在子女接受高等教育上占了先。

宋霭龄极富音乐和表演才华，宋氏夫妇便努力做大女儿表演的最佳“搭档”，另外几个弟弟和妹妹则是忠实的观众。傍晚时分，常常是由宋夫人熟练而凝神地弹奏钢琴，几个兄弟姐妹围在一起，听父亲和大姐的男女生二重唱。听着父亲纯美洪亮的嗓音在钢琴的伴奏下流淌出的美国南方民歌，宋家姐妹们从心底升腾起对父母的崇敬与热爱。二女儿宋庆龄沉着稳重、文静腼腆，和姐妹兄弟们在一起玩耍时，她总是最含蓄文雅的一个。不过宋嘉树夫妇是开明的家长，没有封建家长的威严，他们为孩子们营造的生活环境和气氛，也使宋庆龄在这方面得到了锻炼。

在假日里，宋家孩子们在院子里尽情玩耍，有时还爬过院墙到别人家的田地里嬉戏；有时到田野里奔跑，到野外采集花草，捕捉虫鸟，无拘无束地欢娱嬉戏。有一次，姐妹几个玩“拉黄包车”的游戏，而且玩的颇投入，大姐宋霭龄扮作黄包车夫，二姐宋庆龄扮成乘客，弟弟妹妹们跟在身后又蹦又跳，玩的甚是开心。不料，由于“车夫”拉车用力过猛，黄包车失去控制，这下坏了，把“乘客”抛了出去。“车夫”知道闯大祸了，愣在那里不知如何是好，最难受的是“乘客”，又疼又委屈，一脸的不高兴。

后来这件事被父亲知道了，他慈爱地对大女儿宋霭龄说：“做游戏一定要掌握分寸，拉‘黄包车’可不能光凭力气呀！如果是伤了乘客，那以后还怎么拉生意呢?”宋霭龄不好意思地笑了。宋嘉树又把二女儿宋庆龄喊过来笑着说：“我们的这位小‘乘客’宽宏大量，又勇敢坚强，真是个了不起的小英雄！”宋庆龄受到父亲的夸赞和鼓励，也很快雨过天晴了。而宋嘉树夫妇在教育子女时表现出的“敢为天下先”的精神，也常常受到当今做父母的称赞。

（三）与孩子共同分享一种兴趣

世界闻名的丹麦童话作家汉斯·克里斯蒂安·安徒生出生于一个贫民家庭。他创作出的童话故事如《海的女儿》《卖火柴的小女孩》等受到全世界儿童的热烈喜爱。他父亲虽以修鞋为生，但却深知早期教育的重要性。他常常利用休息时间领着安徒生沿着羊肠小道，攀上高处，给他讲欧登王城堡的故事，讲他小时候所经历的遭遇，讲穷苦人的故事。父亲明白自己不能给儿子提供什么好的玩具，看着小安徒生求知若渴的眼睛，他也常常感到很内疚。

有一天，他在做活时剩下了一块木头，顿时想到可以给孩子做些小玩意儿，他决定给儿子做几个木偶。父亲把木偶做好了，又对他说："你去和妈妈要一些没有用的碎布来，给这几个小'演员'缝制几件衣服。"小安徒生听了，高兴地叫道："好啊，我这就去问妈妈！"他兴冲冲地跑到妈妈那儿，在妈妈的帮助下，终于给小木偶们各自缝了一套衣服，安徒生细心地替它们穿好。父亲对他说："它们是不是很像几个演员？咱俩玩'演戏'怎么样？"他们从院子里搬来一张桌子当作舞台，还从书架上找来一本名叫《荷尔堡》的书做剧本，就这样，父子两人在堂屋里演起戏来。他们互相练着台词，不时地争执该用什么样的表情和动作，简直像两个专业的演员。爸爸滑稽的动作和幽默的语言把小安徒生逗得东倒西歪，实在演不下去了！妈妈这时也放下手里的活儿，当他们的观众。隔壁的邻居们也被笑声吸引了过来，都笑这父子俩真是疯了！

之后，安徒生又遇到一位对他创作很有帮助的人，一位在医院里专门给人收拾东西的老太太约翰妮，她是位和善并且会讲很多故事的老人，对这座古城的每一块石头、每一棵老树都能讲出故事来。讲完后她总是说："这一切都是存在的，不是瞎编的。"安徒生认真地听着这些故事，听时他常流出眼泪或者大笑起来。日子久了，他听到了很多的故事，就把这些故事讲给小伙伴们听。自此以后，安徒生就迷上了故事，迷上了演戏。那些虚构的人物和情节对他来说，就像挪威古老神秘的森林一样吸引着他。为了演好戏，为了了解更多的故事，他疯狂地喜爱上了看书。这对他以后的童话创作产生了很大的影响。

随着年龄的增长，他开始意识到机遇是要靠自己努力寻找的。于是在 1819 年 6 月的一天，14 岁的安徒生走到母亲的面前，说出自己埋在心中多年的理想："我要当演员，我要演戏。"他不顾家人好心的劝阻，毅然踏上了通往哥本哈根的漫漫长路，去实现自己的理想。安徒生在剧院牧童合唱队和士兵队里扮演小角色，度过了哥本哈根那漫长的冬天后，他逐渐意识到演戏并非他追求的最终目标。他开始改变追求的目标，他要用自己的语言来支配演员的行动，他要写作。为了避开一些人鄙视的目光，他外出旅行，到法国、德国和意大利，广泛接触生活在下层的穷苦人民，他为自己没有能力来帮助他们而感到痛心，于是他就用童话的形式把人民大众的疾苦和对美好生活的向往写出来。他热爱编故事，以每年写一本书的速度勤奋写作。他的童话作品每写出一篇，都会得到世界性的赞誉。他在写童话故事的同时，还写小说和戏剧。几年以后，他用巨大的艺术创作成果证明了自己非凡的成功。他执着追求的梦想也得到了实现，他的童话作品一版再版，各种荣誉纷纷而来。

（四）误解后真诚地向孩子道歉

大人有时会错怪孩子，这很正常，因为许多大人不知道孩子心里想的是什么。孩子犯了错，要向大人认错，向被冒犯的大人道歉。可大人犯了错，错怪了孩子，却很少向孩子说声对不起，这就不正常了。但是，也并不是所有的大人都不向孩子承认自己的错误，在一所小学，就发生了老师向学生道歉的“新鲜事”。

一次，班主任梁老师走进教室，看见刘晨同学正在大声说话，就当着全体同学的面批评了他。刘晨很不服气，对老师说：“不是我先说的，为什么只说我一个人？”梁老师没想到刘晨会反驳，顿时有些生气：“我就看见你说了！”刘晨的眼里涌出了泪水，不再吭声。晚上，刘晨想起白天的事，心里委屈极了。原来，老师不在教室的时候，有同学高声说话，影响别人写作业，于是他站起来说：“你们别讲话了……”正在这时，老师进来了。怎么办？是把委屈憋在心里，还是告诉老师？刘晨决定写在日记里。第二天，语文老师批阅日记作业时，看到了刘晨的这篇日记，便马上交给了梁老师。梁老师了解到事情的真相，知道自己冤枉了孩子。怎么办？是找刘晨当面认错，还是公开道歉？梁老师想了一想，决定公开向刘晨道歉。在家长会上，梁老师当着全班同学和家长的面，检讨了自己没有调查清楚就错怪刘晨的错误，并诚恳地向刘晨说了声：“对不起！”刘晨做梦也没想到，梁老师会对自己说“对不起”，一时不知说什么好，眼泪又一次流了下来……

一个年过半百的老教师，能向一个11岁的小学生公开道歉是多么难得！这说明学生在老师的心中是非常重要的，他把孩子看作一个有着独立人格的人而给予尊重，同时，他又对孩子这样的未成年人用自己的真诚保护了学生的自尊心。“人无完人”，谁都免不了会有过失。我们总不能像蜗牛一样，把所有的错误都装进一个大壳子里，天天背着，那有多累啊！其实，大人做了错事，也应该像孩子一样大胆承认并立刻改正。丢掉面子，丢掉错误，轻装上路，那有多轻松啊！

在一次专家座谈会上，有位家长提出这样一个问题：大人犯了错误，面对孩子，应该怎样解释呢？比如说，孩子做了一件错事，我知道了就责备他、骂他。事后我发现错怪了他，但没有勇气向孩子承认错误，这一点让我们大人很难办。专家回答说：大人也有犯错误的时候，大人也要实话实说。如果能对孩子说一声：对不起，我错怪你了！孩子是会非常感动的。

有时，家长老是放不下架子，觉得自己是大人，怎么可以随便向孩子说“对不起”呢！其实这还是一个观念问题，我们跟孩子可以建立一种朋友的关系，有来有往，谁做得不对谁就认错。这样，反而显得大人很光明磊落，在孩子眼中也更有分量。

如何与孩子建立良好的家庭氛围

“家庭是孩子的第一所学校，父母是孩子的第一任老师”。在孩子的成长道路上，家庭教育总是至关重要。对每个人来讲，家庭的地位永远无可替代。在这里，我们与至亲的人分享、交流彼此的看法和态度，我们尽情放松，让自己的疲惫的身体和心灵得到休息。我们安静、专注地做自己喜欢做的事情而不被外界打扰，这些构成了我们幸福而具体的家庭生活，如果每一段家庭生活，都能营造出适合它的家庭氛围，那么我们就有理由相信，生活在其中的每位家庭成员都拥有幸福和力量，每个孩子也能得到更好的教育和熏陶。

一、家庭环境对孩子的影响

一个好的家庭环境影响着一个孩子的性格养成和以后成长之路。教育学家斯宾塞曾经说过，家庭环境对于一个孩子的心智和才能发挥着极其重要的作用。父母的教育态度如果比较热情主动，而不是冷漠、独裁，那么孩子的情商可能就会比较高。在一个充满爱和温暖的家庭中生长的孩子，就会带给周围人爱和温暖的感觉。一个良好的家庭环境带给孩子的也将会是良好的影响，一个良好的家庭环境对于孩子是非常重要的。所以，切勿给孩子以下这样的家庭环境，否则会严重影响孩子的一生。

生活在不幸福、不和睦的家庭中的孩子会产生不健康的心理状态。父母应该真诚相爱，而且要公开地在孩子面前展示这种感情，父母要很真实很清楚地让孩子们看到那些对于对方细微的关心。如果一个孩子了解到他的父亲母亲是相亲相爱的话，那么这个孩子的内心就会产生爱和温暖，生活在爱、温暖和包容之下的孩子才会更健康、更温暖地长大。相反，如果孩子生活在一个不和睦的家庭环境下，那么孩子的心灵和性格都会受到一定的伤害，这足以影响孩子的一生。

父母不应该不关心孩子的心理状态和学习。父母应该共同教育孩子，在孩子的成长过程中，不仅需要母亲的教育，更是需要父亲的教育。在母亲教育孩子的过程中，父亲也应该帮助妻子，父母一起教育孩子就是对孩子最好的爱。身教胜于言传，父母要做孩子的好榜样。因为孩子会在生活中受到父母潜移默化的影响。父母是孩子的第一任老师，如果父母待人和善、彬彬有礼、助人为乐，那么相信孩子也会成为这样的人，所以营造一个好的家庭环境对于孩子是十分重要的。父亲在家庭中对于孩子的影响是非常巨大的，父亲在家庭中最好不要酗酒，喝酒伤身，且喝酒忘性，酒后会做出一些不好的示范，这样对于孩子的成长教育也是非常不利的。所以无论是父亲、母亲都要在孩子面前学会自律，家长要做出榜样。

在一个良好的家庭环境中，家庭成员之间要学会互相欣赏、互相赏识，要营造一个好良好的家庭环境，那么父母与孩子之间就应该互相欣赏对方的优点，容忍对方的缺陷，互相赞美对方，经常夸奖对方。在良好的家庭环境中，家长和孩子的人格更应该保持平等，父母不应该因孩子年纪小而忽略他在家中的地位，这样对孩子来说也是一种十分不公平的表现。平等是创造良好家庭心理氛围的前提，无论是父母还是子女，任何一方的优越感都会让其他的家庭成员产生心理隔阂和心理压力。

一个甜蜜的家庭，父母与孩子之间的关系应该是平等的。父母给孩子一定程度上自由，对于孩子才是最好的教育。良好的家庭环境影响孩子的一生，我们都希望孩子能拥有温暖、感恩、助人为乐、彬彬有礼、对人和善的良好性格。花一点时间多多陪伴孩子，明白孩子需要什么，才能更好地进行教育。父母要给孩子营造一个良好的家庭环境，不要让一个坏的家庭环境耽误孩子的一生。在孩子教育的道路上，家长们还需更加用心、努力。

二、用正确的方法处理与孩子的关系

进入叛逆期的孩子存在任性、爱发脾气的问题带有普遍性。比如，自己的要求没能满足就大哭大闹，有的甚至在地上打滚，颇有点“不达目的、誓不罢休”的架式。碰到这种情况你会怎么办？当孩子反抗我们时，我们的特权受到最大的打击，如果我们用民主的态度来代替专制，就不会卷入权力之争。教育孩子的过程可以说是无尽冲突的过程，孩子的执拗常使父母火冒三丈，却不知如何对付。

我们可以用自然结果法来解决这个问题。如果叫了吉米两声，他还不来按时吃饭，等大家用完餐后，就把饭菜收拾起来，不再给他吃。如果他再来要零食，要喝牛奶、吃饼干，则坚决不给，要吉米等到下顿饭一起吃，就这样坚持下去。吉米饿了，又不能吃零食，下次便会按时来吃饭。我们态度应很明确：“吃饭是自己的事，你不来吃就只有饿肚子。”如果我们采取强迫手段要孩子一定按时吃饭，孩子就会反抗，互相对抗的结果会变成我们在鼓励孩子反抗。

有些做父母的总是为自己辩解，似乎所有对孩子的逼迫行为都是为孩子的利益才那样做的。我们真是为了孩子们吗？我们自己的利益是不是也在其中？如果孩子照我们说的做，我们是不是得到了自我的满足？我们是真的想做一个好家长，还是想让大家都知道，我们的孩子很听话，从不违抗命令？我们是不是不顾孩子自己的意愿而行事？我们是不是想占上风？如果我们时常检查自己的动机，就会做得更明智、更合理一些。

检查一下我们的管束结果，也能得到一些启示，了解我们是否在与孩子进行权力之争，主要不在方法，而在结果，我们“教育”孩子之后他们仍坚持原来的行为吗？我们要求孩子做到的事，我们做父母的自己先做到了吗？他们是不是在反抗？我们的语调是不是告诉孩子们我们很霸道？我们的语调是不是表明我们很专横、很生气？坚持立场一般是用无声与平静来表达，为权力则是用争吵、生气的形式来表达。

只有了解孩子的心理，才能更好地教育孩子、对待孩子，以达到你所要求的目的。小明发脾气，因为他不能按自己的意愿行事，而并不代表他在“恨”妈妈。妈妈知道这只是一时的执拗，坚持住了，孩子自然选择会放弃。关键的是控制好自己的情绪，帮助孩子冷静下来，不使对抗升级。

当与孩子发生冲突时，父母要格外当心，不要让孩子的挑衅将你引入权力之争。这里面最关键的控制因素是作为成人和家长的自尊心和权威感。如果你火冒三丈不是因为孩子的行为本身，而是因为自己的权威受到了挑战，这时你应当强迫自己退出冲突，否则便会误入歧途。

有一点我们必须明白，在今天的社会中，民主的意识已渗透到社会的各个层面，无论在工作中，还是在家庭里，施行绝对的权威都是不受人欢迎的。作为家长，我们不应也不能够再像以往那样要求孩子绝对服从。在家庭中，我们必须建立起和谐的合作氛围，对孩子施行引导和鼓励，用民主的态度来代替专制主义，只有这样才能避免与孩子产生不必要的冲突。我们家长的地位不再是权威人士，而是通情达理的领导人；对孩子不是施行压力逼迫，而是引导、影响；我们的目标不是让孩子服从我们，而是服从社会规范；我们不是用惩罚来制服孩子，而是引导孩子自我决定。

如果我们所关心的是事情的正确处理，而不是自己权力的范围，就会赢得孩子的尊重。用正确的态度来处理与孩子间的冲突，需要父母的毅力和耐心。理解孩子、鼓励孩子、相互尊重，尊重事实的本来面目，以此来争取孩子，这些做法都可以帮助我们赢得孩子的合作，避免权力之争。但有一点要说明的是，当孩子已经开始发脾气，使性子，局势已经有些僵化时，临时抱佛脚，想出一个逻辑结果来让孩子就范，这种方式是行不通的。

避免冲突，争取合作是我们的理想，无论从父母的角度还是从孩子的角度来看，合作是共同的愿望，冲突是不会让任何一方感到愉快的。合作的过程就是一个彼此了解、协调、改善的过程。在合作中，我们应摸索出一些规律和技巧，鼓励孩子们与我们合作。合作必须靠赢得，而非强迫。正确的行为是鼓励的结果，强制不能带来根本的认同和长期的合作。

下面这位家长的做法就很受教，好过打与骂。

前两天和一位朋友出去逛街，她跟我说道：“我家孩子今年才七岁，都已经学会和我顶嘴了，我说一句她就顶一句，非常的不听话，打也打了，骂也骂了，就是起不到一点作用。所以，很多时候我都是处于崩溃的边缘”。

其实，家长觉得孩子叛逆，都是因为家长想要掌控孩子的心理太强，所以一旦当孩子有了自己的想法，不听父母建议的时候，家长就会觉得孩子叛逆了，翅膀硬了，不愿再让他们管教了。中国的父母，大多都会有这样的心理，对孩子的占有欲太强。

我的一位好朋友，是小学三年级的一位班主任，班里的孩子大多都是八、九岁。有一次，一位家长找到他，说自己的孩子放学回家总是爱玩游戏，一点都不关心写作业的事情，每次说他也不听，有时候还会骂两句，但是丝毫不起作用，孩子根本就不理会他。

我的这位朋友告诉孩子的家长说：“其实，这个年龄的孩子，自尊心和逆反心理都会比较强，所以不愿意听到你们的批评，反而还会跟你们反着干。因此，做家长的，注意不要以命令的口吻去跟孩子讲话，比如‘我命令你现在就赶快去给我写作业。’如果是这样的话，孩子就会非常的不服气，不管你是打他还是骂他，他都不会服软的。”

之后，这位家长就按照老师的说法去做了改变，果然发现孩子比之前好了很多，也变得更愿意去听父母的话了。

家长在平常和孩子接触的过程中，要适当的尊重一下孩子的意见，比如说在给孩子买新衣服的时候，如果孩子喜欢哪一件，即使你不是很喜欢，也要尊重一下孩子的审美，给孩子买他喜欢的。

三、真诚地和孩子交流

很多家长总是无奈地说，每次和孩子沟通的时候，刚刚开始就吵了起来。其实这会增加交流的困难。在真正开始交流之后，交流双方都应保持理性的态度，无论家长还是孩子，都应以一种平等的身份来对待对方。对家长来说，在与孩子进行沟通交流的时候，不要一遇到与自己观点不符的地方就以“过来人”自居，全盘否定孩子的思想，强制孩子按照自己的思路行事。没有家长不疼爱自己的孩子，关键是在沟通的过程中要做到用心。

父母经常会这样抱怨：“孩子什么事也不愿和我讲。”而孩子却诉苦说：“父母不理解我们的需要，他们想说的就说个没完，而我说时他们却心不在焉。”其实孩子有许多事情、感受是很想跟父母说的。他们有欢乐、有苦恼、有意见，没有得到及时的交流，主要责任还在于父母没有给予应有的重视，没有认真地或不善于倾听孩子的意见和感受。如何听取孩子的意见和感受，实质上是父母对待孩子的态度有问题。不愿听孩子讲话、不和孩子谈心，你怎么了解孩子？不了解孩子，你又怎么可能帮助、教育孩子？孩子是家庭中平等的一员，父母应该以平等的态度敞开心怀和孩子谈看法、讲见闻、说愿望、道欢乐、诉苦衷，共同营造一个民主对话的家庭气氛。

有一个13岁的男孩子，由于母亲不再给他零花钱了，没钱去打游戏机，所以对母亲很反感，母亲说什么他都不听，事事与母亲对着干。

这位母亲说："为了孩子学习、生活得愉快，我经受的艰辛都不让孩子知道，没想到他现在这样对待我。"

后来，在外地做工的父亲回来了，他把自己的艰辛和经历都告诉孩子，不久之后，妈妈发现孩子竟然变乖了许多，问孩子的爸爸是怎么回事。孩子的爸爸说："小孩子也是人啊，很多问题，你只要去跟他沟通，他就会明白了，你以前缺乏和孩子沟通啊！"母亲听了恍然大悟，从此特别注意和孩子之间的沟通交流，结果，孩子身上许多逆反的行为都消失不见了。

如果这位母亲以前就能与孩子有良好的沟通，让孩子了解自己工作的忙碌和生活的艰辛，那么，孩子就会理解母亲，改变自己对母亲的错误态度。那么，父母们应当怎样与孩子沟通呢？

（一）要消除对孩子负评价的心理定势

父母对孩子过去的表现所形成的看法会影响现在对孩子所说的话的理解，甚至误解和歪曲。不是一好百好、爱屋及乌，也不是一坏全坏、以偏概全。孩子是发展变化的，父母要排除主观偏见，耐心倾听孩子的心声。

（二）一定要认真听孩子讲话

对于孩子的话，父母应表现出热情和兴趣，并表现出很高兴和孩子沟通。孩子讲话时不打断、不批评，并能从孩子的立场去理解他们说话的内容，使孩子感到他们被理解、重视和接纳。

（三）重视孩子的内心感受

父母要注意孩子内心的需要与感受，体会他们的心声、苦恼和心理矛盾，鼓励他们坦诚地表明自己的想法和感受。一定要让孩子明白：父母不赞同他们的某些行为，并不表示对他们的感受不理解、不认同。父母对孩子的感受认真加以理解和评价，将会影响孩子今后的发展。

（四）言语要切合实际、合乎情理

父母与孩子交流思想情感要实事求是。无论是批评、表扬和评价，也无论是谈论家庭和社会问题，都要切合实际，有理有据，不能跟着感觉走、随着性子说。比如，你批评孩子一件事情没有做好，你不应这样说："笨蛋，我已经说过一千次了，为什么还不改。"这就是夸大其词，于事无补。要运用切合实际、合情合理的沟通方法，培养孩子的理智感、自信心，增强教育效果。

（五）沟通时言语要清楚、具体、明确

"好吧，你玩一会儿，就回来做作业。"这"一会儿"是多长时间，孩子有他们的打算，父母有自己的要求，两者不一致，结果产生冲突是必然的。同样，做父母的也不能接受孩子言语不详的话，否则也会带来麻烦。比如孩子说："妈妈，这个星期的双休日，我们几个同学到山上去玩玩行不？"你不能马上明确表态。因为孩子和几个什么样的同学去，具体是怎么安排的，什么时间回来都不清楚。父母与孩子间产生的许多

问题和矛盾，往往是由于言语不祥、语义不清、模棱两可、似是而非造成的。所以，沟通要成功、有效，言语就要清楚、具体。

孩子在不明原因的情况下不会有自觉性，你不说明原因，只是“我说你做”，会有强迫命令之嫌，孩子会认为你主观，强加于人。所以对你的决定要说明原因。另外，当出现问题时，父母还应有自我批评精神，把属于自己的问题说清楚，不能把自己的毛病、问题模糊地敷衍带过，却具体指责孩子的不对，那样孩子会认为你没有责任心，是不可信赖的父母。所以，与孩子交流时时刻刻都要抱有信任、友善、尊重的态度，口气不应有厌烦、生气、责备或警告之意。

四、让孩子理解父母

父母只有向孩子敞开自己的心扉，才能让孩子了解你，才能得到孩子的认同，从而促进亲子关系的发展。中国的父母一般很少向孩子透露自己的内心世界，却希望孩子向自己袒露一切。这种不平等的关系往往成为亲子沟通的一道屏障。

事实上，父母向孩子敞开心扉，表现了对孩子的尊重和信赖。世上没有完美无缺的人，在孩子面前，以一种轻松的方式接受自己的不完美，承认自己的错误，不仅让孩子觉得你更亲近，从而加深亲子之间的感情，而且能把一种坦然、放松的处世态度传达给孩子。

当孩子问父母“你为什么不高兴啊？是不是工作上有了麻烦”的时候，父母就应该认真地考虑一下是否应该与孩子谈一谈。如果搪塞地说："没什么，很好"或"不关你的事，去玩你的吧"，那就等于是将孩子对父母的关心推开。

那么孩子从父母那里所得到的信息就是：父母的事与我无关，那就等于父母自己向孩子关闭了沟通的渠道。

陈强失业了，可是碍于面子，他没有跟家里人提起这件事。但是他也不能总是呆在家里，所以只好到了上班的点就走出家门，在外面东游西转一番后，然后估计时间差不多了才回家。

有一天他刚回家，女儿甜甜悄悄地跑陈强屋里，对他说："爸爸，我觉得你不开心，你是不是不上班了?"陈强愕然：甜甜不过才 5 岁，怎么会这样问自己呢？他脑袋里飞快转了一下，随口说了句："没有的事，你不是见到爸爸每天早上按时出门，晚上又按时回家吃饭了吗?"

甜甜满腹狐疑地走开了，几天后，陈强发现似乎甜甜不大跟自己说话了。他心里很是纳闷，后来他从邻居嘴里得知，原来前几天甜甜所在的幼儿园组织孩子们到公园里游玩，不凑巧，那几天他在公园闲转，被甜甜看到好几次了。甜甜跟邻居说，他爸爸骗她，她再也不理爸爸了。知道了甜甜的"心事"后，陈强很是苦恼。

陈强的过失给女儿造成了不小"伤害"。其实这件事是完全可以避免的。如果陈强向女儿敞开自己的心扉，亲子沟通畅通的话，一切都会迎刃而解。

沟通是孩子成长过程中，父母与孩子之间建立良好的亲子关系和父母对孩子施加科学的教育，从而促进孩子健康成长的重要的、不可或缺的环节。而建立良好的亲子沟通关系，父母总是想让孩子向自己敞开心扉是不行的，父母也需要向孩子敞开心扉。

一位哲人说得好：快乐让别人来分享，就多一份快乐，把忧伤告诉给愿意为你分担的人，就减少一份忧伤。父母和孩子之间是世界上最亲密的关系，也是应该一起分享喜怒哀乐的，如果父母向孩子敞开自己的心扉，跟孩子分享自己的喜怒哀乐，那么孩子就会感觉到你对他的信任和尊重，孩子就会更加尊敬你，并且也会向你敞开他的心扉。

（一）让孩子了解你的工作状况

父母应该明确地告诉孩子：我现在做什么工作，我的工作细节有什么，它对整个社会、国家甚至人类有什么意义等。现在许多父母的确都很忙，但花点时间陪陪孩子，和孩子说说自己的工作细节，谈谈工作的酸甜苦辣，聊聊成功的幸福体验，对孩子是十分重要的。

很多父母埋怨现在的孩子不知道节约，自私、花钱大手大脚。但是，如果孩子不知道父母是如何靠辛勤工作给家里挣钱的话，那么他们就不会把金钱与工作紧密地联系起来。孩子们到了上小学的年龄，父母就可以把自己如何靠努力工作来谋生、如何创造属于自己的事业的道理讲给孩子听了。

（二）让孩子明白你对他们的期望

父母对孩子的期望不能过高，过高了会对孩子造成压力和伤害。应该根据孩子的实际情况出发，对孩子确立合理的期待。但是，这种合理的期待最好也能够让孩子明白，让孩子明白父母对他们的期待并不过分，让他们明白父母对他们的具体期待是什么。父母如果能够做到这些，那么孩子一定也会从父母的期待中汲取前进的力量，一定会努力成为一个不让父母失望的好孩子。

总之，父母与孩子沟通一定要讲艺术，只有敞开自己的心扉，才能引起孩子感情上的共鸣，从而与孩子建立起一种相互信任的关系，使亲子关系融洽。但是在具体的操作过程中，父母还应当把握住如下三点：

1. 创造合适的机会

“孩子，让我们来谈谈！”如果你的谈话是这样开始的，结果往往是说话的只有你一个人。然而，在你和孩子一起打完篮球，或在开车回家的路上，或周末一起洗衣服时，往往是孩子滔滔不绝、喋喋不休的时候。要想多了解孩子的生活，就要多创造这些对孩子没有压力、和你一起活动的机会。

2. 提出问题要适当

提出太多的问题，最后会让孩子怀疑你的真实目的，间接的做法往往会收到更好的效果。比如，一位妈妈询问心理医生，她的丈夫死后，孩子很伤心，她总想安慰儿子，很想让孩子说出自己的想法，然而，每每提起此事，孩子总是闭口不提，对谁也不谈论此事。在心理医生的建议下，妈妈不再问孩子的感受，而是有时提起自己对丈夫的思念，和孩子一起回忆与丈夫在一起时一家人的快乐时光。儿子反倒一下子开口了，分担妈妈的痛苦，自己也不再那么郁闷了。

3. 控制自己的反应

向孩子敞开心扉的过程中，可能会有很多令你不高兴或失望的事情，你必须很好地控制你的情绪。比如，尽管你告诉孩子当年你如何地发奋读书，但孩子却并不对你的努力表示赞赏，你就可能很失望，但无论如何，你也不能让这种情绪表现出来。孩子都不喜欢让父母失望，如果你过分表现出失望，就会给孩子心灵造成不良的影响。

五、发挥家庭教育在孩子成长中的作用

家庭是社会的基本细胞，是人生的第一所学校。家庭在孩子成长过程起着不可代替的作用。不论时代发生多大变化，不论生活格局发生多大改变，我们都要重视家庭建设，注重家庭、家教、家风，紧密结合培育和弘扬社会主义核心价值观，发扬光大中华民族传统家庭美德，促进家庭和睦，促进亲人相亲相爱，促进下一代健康成长，促进老年人老有所养，使千千万万个家庭成为国家发展、民族进步、社会和谐的重要基点。

家庭教育和学校教育、社会教育并称为教育的三大支柱。家庭教育曾经是中国文化的优势资源，孝文化、君子文化都是中国式家庭教育的正面结果。在转型期的当代中国，成年人的价值观发生巨变，家庭教育的支柱正在崩塌，其中过去以道德为核心的价值观遭到破坏，重智轻德成为家庭教育的普遍趋向，造成的严重问题亟待引起重视。因此适合当代发展的家庭教育应应运而生。

家庭教育问题自古以来就备受人们的关注。这也是时代的发展、人才的需求、国民整体素质提高所必须涉及的问题。在这里与大家诉说家庭教育的重要性，目的就是想让更多的家长能够正视孩子成长过程中接受的教育问题，这些并不是只是学校或相关教育机构的责任，也需要家长的配合与教导。每个人的教育都是一项系统的教育工程，这包含着家庭教育、社会教育及集体（学校）教育，三者相互关联并有机地结合在一起，相互影响、相互作用、相互制约，这项教育工程离开哪一项都不可能，而在这项系统工程中，家庭教育是一切教育的基础。

在家庭教育中给孩子一个和谐的家是很重要的。和谐、安宁的家庭氛围能给孩子以心理上的安全感和幸福感，要让孩子全面发展，和谐家庭至关重要。

教育孩子时要有耐心，不要急于否定孩子的意见想法，听取孩子的解释并指出错误，让他自己认知并改正。学习成绩差的时候不要总是打骂，静下心来多和孩子进行交流，了解原因、对症下药，学会耐心等待孩子的成长。

要培养孩子的自信心。在孩子的成长过程中，要学会引导孩子，无论干什么不但要用心更要尽力，即使结果不是最好的，但只要努力了就是最棒的，通过自己的努力取得成功，才会体会到成功的喜悦，并建立自信心。在生活中，要让孩子明白，自尊与自信是自己用行动树立起来的，而不是别人给予的，这样才能培养孩子独立自主的人格。

六、适合孩子成长的家庭氛围

家庭是孩子第一个学校，父母是孩子第一任老师，家庭影响孩子性格，学校影响孩子知识，而性格决定一切。良好的家庭氛围有利于孩子的健康成长，父母需要用心营造的两种家庭氛围：交流氛围和文化氛围。

（一）相当一部分家庭中，亲子交流的氛围欠佳

在一个家庭中，父母与孩子之间如果能有平等、坦诚的交流与互动，会让孩子有更多的家庭归属感、安全感和幸福感，也会让孩子从中学习到如何在家庭之外更合理的待人接物。因此良好的交流氛围对孩子来讲至关重要，必将深刻影响孩子与他人、与社会的融合程度及应对态度。

来自中小学生网的一项调查显示，25．96％的父母会在孩子犯错时严厉批评而非讲道理，另有8％的父母会打骂孩子；40％以上的孩子在对某件事情发表自己的看法时会受到父母的冷遇，其中17．48％的父母会说：“小孩子别乱说，你不懂”，13．59％的父母只是听着，不做任何回应，6.8％　的父母还没等孩子说完就会打断孩子说：“别说了，我知

道”，4.85%的父母忙于自己的事情不理会孩子，45.08%的孩子感觉父母平时很唠叨。

当许多孩子觉得父母说话很唠叨时，当孩子觉得与父母交流看法得不到呼应的时候，当孩子一犯错误就会招来父母简单粗暴的责骂时，那些我们期盼着良好的家庭教育交流氛围早已不复存在了。

让我们听听孩子们是怎么说父母的。“我爸爸特别啰嗦，有时对我根本不信任，无论我做什么他都要过问，要是有个女生给我打电话，他一定要问半天，比我妈妈问的还要多。”“我妈妈对我特别刻薄，我跟她说心情不好，她不但不安慰我，还说这叫‘青春期综合症’，我请她别拿我跟别的孩子比较，她说‘那好，我以后就夸别的孩子好，永远不在别人面前提你了。’她还说过很多这样的话，想想就生气，真想找个没人的地方，自己生活。最起码不用受妈妈的恶言冷语。”“我现在都不想理我妈妈了，我一出房间门就问我不学习干什么去？我觉得家长喜欢的不是我们，而是分数，我们和分数紧密相连。我不喜欢这样，即使我考倒数第一也是你们的孩子，我曾经问妈妈‘你到底跟我亲还说跟分数亲?’妈妈毫不犹豫的说‘当然跟分数亲了！你考试分数高，妈妈有面子。’妈妈极大的伤害了我。”

（二）父母应该意识到拥有文化氛围的前提是尊重、理解并享受文化

曾经有人做过统计，51.97%是父母在家中选择看电视打发时间，21.15%的父母在家中选择上网消磨时间。如果我们把

“文化氛围”简单的理解为看书看报，也许家长们只要为孩子花钱买上一大堆书，或者有意识的在孩子面前捧起一本书读一读就解决问题了。然而，家庭中文化氛围的营造并不是那么简单的。

跟大家分享一个例子，希望在这个例子中能给家长们一些启发：

被称为“世界童话之王”的丹麦作家安徒生出生在一个叫奥塞登的小镇上，那里住着不少的地主和贵族。而安徒生的父母只是个穷鞋匠，母亲是个洗衣妇，祖母有时还要出去讨饭来补贴家用，那些贵族地主们很厌恶这些穷人，甚至不许自己的孩子与安徒生一起玩儿。

父母对安徒生说：“孩子，别人不跟你玩儿，爸爸来陪你玩儿吧！”安徒生的家十分简陋，只有一间小屋子，破旧的家具把这个小小的家塞得满满的，没有给孩子留下多大的活动空间。然而就是这么一间破得不能再破的小屋，父亲却把它布置的像一个小博物馆似的：墙上挂满了图画和做装饰的瓷器，书架上放着好看的书籍和歌谱，橱柜上摆了一些玩具，就连门上也画了一幅风景画。父亲常给安徒生讲《一千零一夜》等古代阿拉伯的故事，还经常抽时间给他念英国大文豪莎士比亚的著作，或者给他读丹麦喜剧作家荷尔堡的剧本。正是父亲竭尽全力营造这样一种充满文化气息的家庭氛围，日复一日才让身处逆境中的安徒生成长为世人瞩目的童话大师，成为丹麦的骄傲。

真正的文化与财富、地位无关。它来自人灵魂深处对美、对真知、对学问的尊重和信仰。正是因为安徒生的父亲为他营造了这种浓浓的文化氛围，物质贫困却精神富有，这也是父亲留给他人生最大的财富。从小生长在这样一种文化氛围的环境中，孩子怎么会不爱读书。热爱生活中美好的东西呢？还有最重要的是父亲乐意抽出时间来陪孩子，和孩子一起阅读，为孩子阅读、身体力行地影响着孩子，这是今天许多父母都没能做到的。

今天的父母一方面懒得费脑子再学习，一方面是缺乏在家庭中与孩子分享文化的意识。其实，文化不仅仅局限于书本，现在电视里有文化，网络里有文化，生活中处处有文化，能够及时跟孩子分享文化、理解文化。并且把“学习、分享”当做家庭生活中的必修课，这才是需要提倡的家庭氛围。

七、孩子们所向往的家庭氛围

一个爱打架的留级生谈到家里的氛围时说：“我家里有的是钱，可爸爸妈妈天天吵架，不是砸玻璃就是摔东西。有时妈妈几天不回家，爸爸就拿我出气。有时候看到爸爸在角落里抽烟，一抽就是几个钟头，我的心里也跟着难受……我多希望爸爸和妈妈和平相处啊。

‘我和爸爸妈妈是哥们，朋友。’

‘我们平等、互不干涉。’

‘家是最安全的城堡’

‘我和爸爸妈妈很亲密，什么事情我们都可以谈，畅所欲言。’”

孩子们渴望拥有一个温馨、平等、快乐的家庭，渴望和爸爸妈妈之间有更畅通无阻的沟通。

让家长们惊叹的是有些孩子对家庭氛围的抱怨情绪：“我妈妈的脾气很大，得过且过吧。”“无法忍受他们的唠叨。”“爸爸妈妈阴晴不定，将就着过吧。”“爸爸妈妈给我的感觉就是冷态、凝重。”“家里的氛围简直就是冰火两重天，爸爸高高在上，妈妈中间牵线，我就是忍气吞声。”看到这些抱怨五花八门的形容词和句子表明，孩子不喜欢现在的这样的家庭氛围！不知道爸爸妈妈们听后有何感触，也许其中的形容词就出于你孩子之口，或者你的孩子也有着这样类似的感受。家应该是什么样的呢？

家对于孩子来说应该是这样子的：

跟爸爸妈妈睡在一起，看电视，有说有笑的，和爸爸一起聊回忆、经历，很开心。

一家人坐在一起，一边吃丰盛的晚餐，一边聊天。

小时候拿气球当排球打着玩儿，跳马，下五子棋，玩儿扑克。踩在爸爸的脚上玩儿“齐心协力”的亲子游戏。

最开心的是和爸爸妈妈一起走回家的路。

吃饭、聊天、购物，出去玩儿……都挺开心的，只要别提学习就开心了，其实我也不是学习不好，只是他们从不满足。

快乐是无法复制的，但是快乐能够被不断的创造。希望孩子们的回忆能够温暖父母们有些疲惫、麻木的心，父母能和孩子们共同努力创造令人满意的家庭氛围。

有些家长还跟孩子一起制订起家规，而且家长和孩子都要遵守家规。比如：说了就要去做，不要轻易承诺自己做不到的事情；学会倾听对方的话；节约每一分钱；己所不欲，勿施于人；多说“谢谢、请和对不起”；对自己的行为负责；气盛时切忌鲁莽草率之举；重智慧，学会思考；学会保守秘密，不要做饶舌者；学会宽容；今天的事情今天做，不拖拉，不敷衍；敢于承认自己的无知等。家长和孩子共同制订的家训，首先家长要以身作则去遵守，去实践。孩子们不排斥规则，重要的是父母能够和孩子一起创造遵守和维护，这样的家庭氛围带给孩子们的是平等、民主与被尊重的感觉。

八、家长要与孩子建立良好的沟通关系

（一）理解尊重

我觉得作为家长，关键是要理解、尊重孩子，我们要能够理解一个成长过程中的孩子的言行，而不是总以一个成人的标准来衡量。同时，我们要确实让孩子能够感觉到合理的诉求与意见在父母这能得到尊重、理解与支持。现在是信息发达的时代，孩子们比父母过去更有思想与主见，对很多事有自己的理解与判断。家长想要教育好孩子，也要持续学习，不断提升自己，以理服人。

家长靠“我是你老子，你就得听我的”或者“我们是为了你好啊”这样的话语想来说服孩子是苍白无力的，甚至可能令孩子鄙视。不以势压人，做孩子的朋友，尊重孩子，理解孩子，并且在日常生活中以身作则，这样自然会得到孩子的信任与尊敬。

只有理解尊重孩子，建立良好的亲子关系，父母才能知道孩子在想什么？孩子有什么困惑、心事才愿意跟父母说，父母也才能及时有针对性地提出建议，而孩子也才能够乐于接受来自父母的帮助。

（二）耐心倾听

耐心倾听是愉快交流的前提，交流顺畅才能彼此理解，理解才能产生相互的信任，信任则是有效沟通的桥梁。我认为只要方法得当，家长与孩子之间完全可以进行愉快地沟通交流。

如果孩子大了，话语少了，我们与孩子沟通不畅了，问题往往在于家长，要自省是什么原因让孩子话语少了，不愿与家长沟通交流了？

有的家长总觉得家长就是家长，要有家长的权威，与孩子要保持一定的距离，跟孩子谈话总是以居高临下的口吻，在没有听完孩子表达内心想法时，便急于把自己的观念强行地灌输给孩子，以此来说服。这样便让孩子陷入有口难辩的境地。孩子就会觉得家长不尊重自己，不理解自己，久而久之，孩子有什么心事宁愿憋在心里，也不愿意与家人沟通。慢慢地孩子与家长沟通交流的心门就锁上了。

所以，我们家长唯有耐心地倾听，才能完整地知道孩子内心的真实想法，才有可能与孩子之间有良好畅通的沟通交流，才能有机会去引导帮助孩子。能够耐心地倾听是我们家长做好与孩子沟通的基础。

另外，要给孩子申辩的机会。跟孩子说理时，孩子可能会对自己的言行进行辩解，我们要让孩子把事情讲清楚，讲明白，给孩子申辩的机会，这样家长才能更好地去了解情况，也才能知道如何更好地去说服孩子，孩子才会更加理解你所讲的道理，做到以理服人，让孩子心服口服。

（三）敢于认错

除了耐心倾听外，家长还要能敢于认错。有时家长说的确实不对，辩不过孩子也不要强词夺理、恼羞成怒、大发雷霆，那样的话孩子会不愿意再与你交流。

家长做错时，要能够主动地、不怕羞地承认错误，勇敢地、坦诚地向孩子道歉。这样做不但不会丢面子、失掉威信和尊严，反而会让孩子感受到了你的坦诚和真实，进而得到孩子更多的理解、信任和尊敬。

榜样的力量是无穷的！家长诚恳道歉的言行也会潜移默化地传递给孩子，孩子在做错事时，也会主动认错，并虚心接受家长的意见。

（四）学会淡定

有时家长要淡定坦然地看待孩子的学习成绩，孩子学习之余也需要休息与放松，如果出现厌学现象，多半是因为家长寄予了过高的期望，给孩子造成了太大的压力。因为担心孩子做不好，害怕考试失利，家长往往会表现得很不淡定，甚至过于性急，恨不得孩子分分秒秒地在学习，恨不能每次成绩都能有显著提高。长期处在紧绷状态，不仅会降低学习效率，有些孩子可能还会出现厌学心理。

我们都知道，孩子的学习状态和学习情绪也是有高低起伏的，学习成绩也会有上下波动。此时，我们要沉住气，相信孩子，鼓励孩子，给孩子积极的心理暗示，这样才能帮助孩子树立学习信心和增加克服学习困难的勇气。

其实，偶尔让孩子学会慢下来也是给孩子缓冲的机会，比如学习劳累之余进行一次体育锻炼、听听音乐、做自己喜欢做的事等，这些对孩子来说也是一种自我放松和调节，也是为再次冲刺积蓄力量。合理安排学习和生活时间，劳逸结合，学习效率才能事半功倍。

作为家长一定不要添乱，以免人为地增加孩子的焦虑感。不要采取每天倒计时或誓师大会这样的手段，除非孩子太缺乏学习自主性，才需要这样去做。

自主学习能力强和学习踏实的孩子大部分对自我的期望值和要求很高，对于这样的孩子，家长不仅不能施压，还应该努力帮助孩子适度减压。对很多孩子来说，家长的过度加压会让他们产生紧张焦虑心理，加重他们的心理负担，甚至会让孩子产生厌学情绪，导致学习事倍而功半。

所以，家长淡定地看待孩子的得失、成败才能让孩子轻装上阵，学中乐，乐中学，提高学习效率，带给家长满意的成绩单。

（五）合理预期

望子成龙是家长普遍存在的心态，合理的期望能促进孩子积极向上，督促他们走向成功。但过高或过低的期望，都会产生负面影响。由于高中的学习科目增多，难度加大，同学间的竞争压力也会加大，这时家长与孩子对分数及排名预期值要合理，也要能够正视和接受孩子的学习成绩在一定范围内的上下波动。

尤其在重点高中或者重点班级的孩子，优秀的孩子很多，面临的竞争压力也会更大，想一直处在领先地位、独占鳌头无疑是困难的。如果实际取得的成绩总与自己的期望相差较大的话，孩子可能就会出现急躁、焦虑、迷茫，甚至厌学等不良情绪。所以，我们要学会从容地面对现实，不要对孩子提出太高和不切实际的要求。否则，将影响到孩子的身心健康，也不利于孩子提高学习成绩。

当孩子的成绩暂时落后时，我们不妨告诉孩子，努力做最好的自己，不与周围人比，跟自己的过去比，只要比过去好就意味着离成功更进了一步。争强好胜不是坏事，积极进取是值得肯定的，但我们必须要正视自己目前的实力，要接受自己是这所重点中学的普通一员。心态好了，才能让孩子轻装上阵，搞好学业，进而增加了学习的信心和战胜挫折的勇气。

适当降低要求，做最好的自己。假如这次考了第 200 名，可以不妨建议孩子在下次考试中确定一个第 180 名的目标。然后，分析采取哪些措施去实现这个目标，实现目标的过程中一定要沉住气，一步一个脚印，踏踏实实地去努力提高。

（六）贴心爱护

家长不能总是盯着孩子学习，一看到孩子不看书、不学习，就会感到不安、紧张、失落，于是便去提醒甚至指责孩子，这是不可取的。这样做的结果只会让孩子觉得家长不近人情，不理解自己。家长在繁忙的工作之余也想偷着让自己闲下来，放松一下自己，何况在学习重压之下的孩子呢？

如果一味的强调学习，不给孩子放松的机会，不仅会增加孩子的心理负担，还会让孩子对家长产生抵触情绪，觉得父母不理解自己，不关心自己。甚至有的孩子认为家长督促自己学习是为了跟周围的家长进行攀比，最后孩子便会渐渐疏远父母，逆反心理愈演愈烈，直到拒绝与家长沟通交流。家长被孩子拒之门外，家长的爱不被接受，内心是无助和伤心的。

其实，孩子这样的想法和情绪反应都是正常的，这时家长需要反思，是不是你的爱已经成了令孩子痛苦的精神枷锁？父母的爱没有错，如果采用了错误的爱的方式，不仅不能让孩子感受家庭的温暖，反而会成为孩子前进的障碍。所以关心爱护孩子要从孩子的内心需要出发，关注他们的内心世界。爱孩子的优点，也要容纳孩子的缺点；爱孩子的进步，也要接受孩子的暂时落后；爱孩子刻苦学习的精神，也要坦然面对孩子繁忙学习之下的自我调节和放松。

所以，我们不仅要关注孩子的学习成绩和人生道路上的得失成败，也要关心孩子在破茧成蝶过程中的劳累和痛苦。我们不仅要关心他是否能够成为一棵苍天大树，也要关心他在成长道路上是否快乐。我们会把孩子的身心健康放在第一位，我们也要告诉孩子："爸爸妈妈爱你！无论何时何地，无论遇到什么困难，我们都理解你，帮助你，与你共同去面对，我们永远是你安心的港湾和温暖的怀抱！

（七）有力支持

当孩子考试成绩不理想时，最需要的是父母善意的提醒和切合实际的帮助，而不是责备和处罚。这时家长要先对孩子的学习情况进行理性的分析与评估，帮助孩子好好总结分析、找到自己的薄弱环节、认清自己存在的问题，并且找到解决问题的方法，适时地调整学习的方向，统筹兼顾地安排好各科的学习，争取不断地超越自我。

在孩子需要时，家长要能够设身处地为孩子提供一些建设性的建议，让孩子觉得这样处理非常恰当。这样，在遇到困难时，孩子首先想到的便是向家长寻求帮助，家长也可以在第一时间了解情况，知道孩子的需求，从而及时地给予孩子帮助。

有家长会说，我们不具备这样的能力。家长可以不断学习，以充实相关的知识，提高自己这方面的能力。另外，还可以向身边懂行的人，包括老师、有经验的家长等去咨询、去求助，然后再来帮助孩子。

（八）坚持不懈

有的家长在孩子的教育起点上没有投入一定的时间和精力，到了高中看到孩子成绩不理想时倍感焦急，开始督促、说理，试图引起孩子对学习的重视，试图改变孩子的学习态度从而提高学习成绩，而此时的孩子可能却听不进去。个人认为，家长着急是正常的，孩子听不进去也是正常的。“冰冻三尺非一日之寒”，家长想在短时间里通过说教树立权威，发挥指挥棒的作用，让孩子立即转变态度并自觉行动起来显然是不现实的。

此时，家长需要的是耐心，要能够坚持不懈地关心和帮助孩子。还要讲究与孩子沟通的艺术和策略，以诚感人，从自身改变做起，才能带动孩子一起去改变，从而在现有基础上不断进步而达到预期的目标。

只要沟通顺畅了，任何时候都不算晚，放弃是自我逃避，是为懒惰找借口，是对孩子未来前途不负责。持之以恒才是教育孩子的法宝，才是硬道理！每个孩子内心都是向好的，有时会因为基础差或不良的学习习惯等原因，表现出对学习没信心和兴趣。此时，作为家长不能对孩子失去信心，应该给孩子积极的心理暗示，善于用孩子的优点帮助孩子树立自信心。相信无论如何，只要开始，只要改变，总会有转机，总能有所进步。

如果家长对孩子失去了信心，这样的不良情绪反应也会反馈给孩子，让孩子自暴自弃的漩涡，从而失去前进的勇气和动力。所以家长要相信孩子，会鼓励孩子，并与孩子一起努力，孩子便会呈现出不同的面貌。

（九）把握时机与火候

我们在与孩子沟通的过程中，要善于把握时机。并不是在任何时间和场合都适合交流，不同的话题也需要不同的时机。这就需要家长根据话题的内容、孩子的个性特征等因素综合考虑，选择合适的时间与地点。在此过程中，还要结合青少年成长过程中的一些心理特点与状况，预知谈话可能出现的突发情况，提前考虑应对策略，这样才能有的放矢，充分发挥与孩子沟通交谈的效果。

一般情况下，在高中阶段，家长与孩子的沟通时间不宜过长，突出重点，简明扼要，点到为止。不要重复唠叨，孩子听多了，便会觉得腻，产生反感情绪。话不在多，而在于精，要有针对性。我们平时在给孩子讲道理时切忌罗嗦、唠叨，少说废话，孩子才会对家长的道理更加在意，这样的说理对孩子的印象和影响才比较深刻和具有启发性，沟通才更有价值和意义。

如果遇到特殊或者重要的事情，则需要投入更多的时间和精力，哪怕花费整晚的时间都是值得的。因为重大和关键的问题会对孩子身心和未来的发展产生深远影响，必须要理清说透，才能引起孩子足够的重视，帮助孩子树立正确的认识，才能理性有效地引导孩子。

（十）珍惜美好时光

我们可以换个心情看待高中这段余下的时光，高考的临近不仅意味着我们的担子重了，也意味着与孩子朝夕相处的时间越来越少了。我们不要抱怨辛苦和劳累，更不能嫌孩子烦，应该好好珍惜和学会享受与孩子相处相伴的美好快乐时光。等孩子背上行囊，外出远行求学时，每天能收到孩子的一个短信或接到一个电话有时候都是一件奢侈的事情。有了这样的想法，烦躁的心便会豁然开朗。每天为孩子准备早餐或者管理孩子日常生活学习时，试图以此来劝慰自己：以后这样的机会越来越少，我要好好珍惜与孩子在一起的美好时光，好好享受家人团聚的机会。有人喜欢倒计时，将倒计时用在这里，计算与孩子共处的日子应该是不错的方式。

同时，我们也可以把这样的想法告诉孩子，引起孩子的重视，激起孩子与父母相亲相爱的情感。这样孩子也会更加珍惜与父母温暖相伴的时光，无形中孩子与父母之间就多了一份温暖，一份理解，一份珍惜，一份信任。家长与孩子之间的沟通也就变得更加和谐融洽了。

第四章

不打不骂，巧妙赢得孩子的合作

父母教育孩子的方法有许多种，除了平时的言语教育之外，打骂孩子可以说是父母最直接、最原始的方法之一。当被问到为什么要打骂孩子时，许多家长的回答都是“不听管教”。当父母在打骂孩子的时候，总是把原因全部推到孩子身上，认为是孩子逼自己这样去做，却很少去寻求其他的方式来教导孩子。正是因为家长不愿意花心思去寻找其他的教育方法，所以才会有打骂的草率表现。其实，当孩子犯错时，以尊重的态度让孩子自己负责，反而更能培养孩子独立而理性的人格。

一、反省亲子关系是否良好

孩子开始进入叛逆期，还没有建立起稳定的人生观，但却开始接受来自社会上的各种诱惑和影响，比如，攀比式消费、在社交网站上发布不恰当的言论和照片、参与校园凌霸、尝试烟酒甚至是毒品。叛逆期是青少年的心理过渡期，叛逆期的孩子具有强烈的独立意识和自我意识。希望摆脱父母的监护，对一些事物和事情会发表自己的观点。孩子进入叛逆期，不服管教，喜欢顶嘴，态度恶劣……弄得家长或愤怒不已，或哀怨难过，却又无可奈何。

在孩子的叛逆期，父母具体应该做些什么才能与孩子建立良好的亲子关系呢？家长们不妨从下面这些方面入手：

（一）提供社交机会

大多数父母的目标是让孩子上好学校接受好的教育，不过我们也要更加关注孩子在课堂以外的生活，要细心观察，帮助孩子们发现和发展他们的兴趣所在，积极培养和满足他们健康的爱好和人际交往需要，比如孩子要参加的各种社团活动等。

（二）教给他们在人际交往中所需的技能

当孩子拥有获得成功所需的技能时，机会就会发挥最大的作用。从学习足球到打扫房间，再到发展友谊，孩子们每一次努力都需要一套技能，我们可以在家庭关系中帮助他们练习社交情感技能，当然孩子们在学校以及团队运动等特定活动中也学习了技能。

（三）不吝惜夸奖和奖励。

夸奖的作用是积极的。我们需要对孩子们足够了解，才能知道他们希望获得怎样的奖励。

有人对孩子说："嘿，你在足球场上表现很好，我们去买冰淇淋吧！"这是直接的表扬。有的孩子喜欢的是间接表扬，如他们在无意中听到父母的交谈："儿子今天在场上特别活跃，做出很多漂亮的动作，真是很棒！"孩子听了心里也是美滋滋的。

（四）为建立亲密关系付出时间

有质量的陪伴最重要。哈格蒂说："要把在一起的时间当成交谈的机会。"她指出，青少年时期是人一生中最有创造力的时期，这往往来自于美好的家庭经历。

（五）为孩子设定明确的标准

哈格蒂说："当青少年与父母建立了牢固的关系时，他们也更愿意遵循父母制定的指导方针和期望。"当然，这意味着我们要经常与孩子分享我们的信念和标准。例如对于孩子吸烟的问题，父母可以这样说："我们希望你的未来是最好的，相信你也是。现在你长大了，但也要遵守你这个年纪的规则，我们相信吸烟从来都不是一个好的选择。"

（六）不要不加思索地拒绝孩子的要求

即使是非常荒谬的要求，也应该慎重考虑之后，给予响应与讨论，找出充分的理由，让他明了父母的看法。

（七）多倾听孩子心里的声音

只要与青少年有关的决定，都必须事先询问他的意见。认真倾听并与他讨论，尊重青少年的自我感。千万不要强迫他们接受父母的要求，也应该给他留下可以自主的空间，让他有学习、反思的思考空间。不能把所有偏差的行为归为叛逆期，应适当的了解他们。

（八）家长尽量把孩子当作成人对待

家长要以对待成人的态度对待孩子，让孩子知道自己是被尊重的。在犯了严重错误之后，应该给予改正的机会，并给予支持与肯定。

当然，上面这些方法不是万能的，青少年总是会犯错。哈格蒂曾说“当规则被打破时，这是一个学习新技能的机会。”

二、改变不良的亲子沟通方式

家庭沟通的方式是直接关系到家庭生活状态的主要因素之一，不同的沟通方式具有不同的功能。不良的沟通往往是沟而不通，反而对家庭生活气氛起到伤害作用，进而对家庭成员的心理产生消极的影响，对孩子人格的形成与发展更加不利。

（一）指责埋怨型沟通

“啊呀！你看你又把衣服弄脏了！成天跟在你后面洗衣服，我是你的佣人啦！”

“你玩不够啊！作业又不做，我看你哪天才能成人噢！”

“你看你桌子乱的，就不能收拾收拾？”

这些语句体现出一个共同特征——指责和埋怨。

指责埋怨型沟通往往使家庭中形成“家庭相互指责黑三角”，在这样一个“黑三角”中，每个人都有可能有一个较为固定的指责对象，家庭问题往往在相互指责和埋怨中不了了之、不欢而散，问题最终并未真正解决，成为一个未了结事件遗留下来。雨天背稻草，越背越重。家庭未了结事件越多，家庭生活越是沉闷、紧张，危机四伏。这是一种很具破坏功能的家庭沟通模式，被指责者要不逆来顺受，要不一味逆反、攻击性强，对孩子人格的成长极为不利。

母亲：“你成天就知道自己的工作，从来不管儿子，现在他几门功课不及格了。”

父亲：“养这个家容易吗？我没日没夜地忙，为了什么？叫你少打打牌，多管管儿子，一上牌桌就下不来。”

儿子：“别吵了！你们看看人家的爸爸、妈妈，谁像你们只顾自己？我不及格就是你们害的！”……

这样沟通是解决不了问题的，对儿子来说，会形成一种只知道埋怨外界的人格特点。

（二）迁就讨好型沟通

“啊呀！妈妈不知道这个菜你不喜欢吃，将就着少吃点。你想吃什么？我明天就去买。”

“怎么，我给你买的这个圆规不符合要求？对不起，我明天再去重买。”

爱孩子是要将孩子作为一个能承担自己责任的独立的人来爱，而不是迁就和讨好孩子。迁就讨好型沟通的家庭，表面一团和气，但缺乏一种家庭成员之间真挚的爱，而且会养成一个人依赖而又固执、软弱而又任性的不良人格特点。另外，这种沟通同样也不是真正解决问题的沟通，是通过回避问题来“解决”问题，也是一种缺乏建设性功能的沟通。

孩子在这种迁就讨好型沟通模式中，更容易形成的是任性，只有父母迁就自己，自己却很少迁就父母。但是，这种沟通所造成的孩子的任性却主要表现为眼前的、家庭内部的，孩子在家庭以外往往是一个迁就型的人；孩子成人后，很可能又不自觉地组建起一个迁就讨好型的小家庭，在一种缺乏真挚爱情的家庭情感氛围中生活。

（三）打岔啰唆型沟通

孩子：“妈妈，今天校运动会上，我们班得了年级第一名，真开心！”

母亲：“哎哟，你看你这身汗，脸上脏的，快去洗洗，穿上衣服，别着凉！”

说得很热闹，但各说各的，没有互动，完全是两个自言自语的人。

“妈妈，明天我们春游，老师说每人要交5元钱。”

“又要交钱了？从你上学到现在，我们在你身上花了多少钱了。我们那个时候春游，就带上一瓶白开水、两块烧饼，自己走到郊外，根本不要买票。你看看现在，一个月光水电费就是好几十，春游要交钱，你肯定还要带点零用钱，钱不好挣啊……”

一句话，引出那么多的话和事。啰唆的人最大的特点是，听到别人的一句话，立即进入自己的个人世界，表面上看是在处理别人的事，实际上是在处理自己纷乱的情绪。

打岔啰唆型沟通主要表现在母亲以及一些过于琐碎的父亲身上，一般情况下，这样的父母不太关心别人真正的情感，自己被许多意义不大的琐事缠绕，给孩子最大的感觉是唠叨、烦人。这种沟而不通的表现是表面上双方都在说话，而且可能持续较长时间，但信息根本没有交流，像两架同时开放的收音机，各自在坚持不懈地播放着各自的声音，根本没有听众和反馈；另一种情况就是，一方（往往是家长）在喋喋不休，另一方（往往是孩子）则陷入烦躁、焦虑，盼望着这种唠叨早点结束，家长说了什么根本没有听进去。这种毫无效能的沟通，不但解决不了问题，而且会造成孩子出现逆反和抵触，值得注意的是，这时孩子抵触的是家长的唠叨，而不是家长所说的内容。

这时家长要明白，是你的唠叨使孩子在拒绝你说的可能是非常有道理也非常重要的话。

（四）超理智型沟通

“妈妈，我要买活动铅笔。”“为什么要买？”“原来那个坏了。”“刚刚买的怎么就坏了？你怎么这么不爱惜东西？”“好了，下次可不准再搞坏了，小孩子要知道爱惜物品。”

超理智型沟通有两大特点：一是夫妻对孩子，夫妻之间往往并不是“超理智”；一是父母“教育”意识、“规范”意识过强、戴着过滤镜看孩子，孩子的一切成就、优点都被过滤掉，剩下的只有缺点和危险，父母在任何时候都不忘了敲打、警示、规范孩子。

这是一种严重缺少孩子感情的沟通，特别容易产生亲子感情障碍。对孩子的影响有时会看到不少眼前的“良好”效果，但从长远来说，对孩子人格的成长是非常不利的。

三、理解与接纳孩子

叛逆期的孩子独立意识逐渐成形，希望建立自我认同，希望摆脱对父母的依赖，表现出自己的独立和与众不同。父母要理解孩子，理应站在孩子的角度上，用孩子的头脑去感受，理解孩子的感受和想法，才能理解孩子的情绪和认知，那么接纳孩子的情绪就不难了。父母理解了孩子的行为，接纳了孩子的情绪，亲子关系便少了冲突与矛盾，想要和平相处便不是一件难事了。

1. 对待孩子的叛逆，父母要有平常心，理解并接纳孩子的叛逆行为。青春期孩子已有强烈的自尊心，最反感父母的指责、批评，甚至打骂。如果父母还采用专制、权威式的家庭教育方式管教孩子，会挫伤孩子的自尊心，加重孩子的叛逆心理。

因此，父母要理解并接纳孩子，对孩子的不合理叛逆要选择合适的时机进行有效引导。在观念上，父母要承认青春期孩子叛逆的这个成长过程；在行动上，父母针对孩子在叛逆期的行为，要给予积极的引导和帮助，可以自己在家庭教育方式上做相应的调整，也可以为孩子提供一些切实可行解决问题的方案供其选择，也可以为孩子指点解决问题的途径让其自己找到突破口，还可以推荐一些能够有助于孩子成长、思考的书籍，允许孩子脱离父母成为独立的个体，鼓励孩子多和同龄人交流、接触等。有些父母在对待孩子的叛逆行为上，只是简单粗暴地定性为：孩子处于叛逆期，谁的话也不听进去，你不用我们管，我们也懒得瞎操心，反正头撞南墙就知道痛了，于是堂而皇之撒手不管，这是做父母极为不负责的表现。对于青春期孩子，一定不能不管，但要密切关注、适时管教。

2. 每次叛逆都是孩子行为的表象，父母要看到其背后不被满足的需求，要了解到孩子不听话的深层次因素，从而有针对性地引导。对于青春期孩子的叛逆，父母不能只关心他衣食住行，而是要深入地关注他的深层次需求，比如安全感、情感情绪、精神状态以及心理活动。尊重孩子独立自主的权利的同时，做到平等、友好地与孩子沟通、交流。

尤其要给孩子一定的自由空间，让孩子有一定的自主选择权和决定权。要密切关注孩子，善于从孩子平常的言行中，了解孩子内心的秘密，然后有的放矢地做沟通、心理疏导工作。父母可以引一些社会热点、故事或典故，与孩子一起讨论，正确引导孩子对事物的认识，学会换位思考。当发现孩子有一些变化时，父母要审时度势地给予肯定和鼓励。在亲子关系良好的状态下，孩子更愿意接受父母的教育和引导。

青春期孩子大多有独立思维，要求独立自主，这是孩子独立的开始，父母要把握好这个关键时期，把孩子引到一条健康快乐的成长之路上。

四、就事论事，多寻求方法

对待叛逆期的孩子，父母首先要正确认识孩子的情绪，做到灵活应用。叛逆期是孩子成长过程中的过渡期，是孩子自我意识、自我力量在破茧而生。

1. 父母想要在教育叛逆孩子上获得事倍功半的效果，那么得先让孩子信任自己。当孩子信任我们时，才会愿意跟我们沟通，相信我们说的话，自然而然就不会叛逆了。不过我们需要彼此信任。当叛逆孩子犯错误时，家长不要一味地指责，而要耐心地教他们做事的方式方法。这样给孩子更多的关爱与信心，他们才会变得更好。

2. 学会倾听，多鼓励孩子。

3. 当孩子有反常的迹象时，父母要尽快与其沟通，这样也会拉近我们与孩子心与心的距离。但是不同的沟通方式会有不同的效果，所以父母要注意交流的方式，同时学会换位思考，这样也就不会片面地看待孩子的行为了。

4. 父母还要记住一点：不可对孩子过于溺爱，哪怕父母双方家庭就这一个孩子。因为溺爱会让孩子形成一种自我为中心的思想，认为自己才是最重要，从而理所当然的接受别人的包容。

5. 尊重孩子，孩子就会越自尊，越会注意修正自己的言行。不过对于孩子的坏品行、坏习惯，家长还是要委婉指出，不可放任不管。平等而又严肃地与孩子谈话，指出其不良行为的危害性，并给出改正的建议，同时订出一些惩罚措施，比如不能玩游戏、减少旅游机会、减少零花钱等。但是切记不可打骂体罚孩子。

叛逆孩子由于身体跟心理的原因，情绪本身容易暴躁，若是父母不加以耐心对待，那么孩子只会越来越叛逆，所以家长们一定要注意这一点。

五、对棍棒教育说“不”

国外行为学专家研究发现：一见孩子犯错误就大发雷霆，大声训斥，甚至打骂，这样重复下去，孩子对训斥的适应能力就会逐渐提高，天长日久，孩子就会对一般的训斥持无所谓的态度。许多父母这时候不是反思自己的教育方法不当，而是对越来越犟的孩子采取更严厉的训斥，结果收效甚微。久遭打骂的孩子不仅会表现得越来越犟，而且还会表现出好说谎、具有攻击性等不良行为，由于这些孩子内心觉得在家庭内得不到温暖，因此遇到挫折就会离家出走，甚至被坏人利用，走上犯罪的道路。行为学专家们通过调查发现，这样的儿童长大后其婚姻和家庭生活不和谐者较多，他们也不能很好地养育自己的子女，甚至完全忽视了自己的下一代。如此恶性循环，将会造成不可忽视的家庭和社会问题。

英国哲学家斯宾塞曾经说过：粗糙轻率的家庭管理作风是最贫乏最无教育智慧者采用的。最不开化的野人和最笨的农夫都会想到用打几下和骂几句作为惩罚。

一个男孩小小年纪便饱尝父亲的拳脚，甚至挨皮带抽，原因仅仅是他“太好动”。其父认为孩子不改是因为“打得还不够”，其母认为“没听说过家长打孩子还有错”。某大城市调查千名流浪街头的少年，其中41%是因遭父母打骂而离家出走的。调查表明，目前有30%—50%的家长以打骂为“教育”手段。

实际上，“打”只能暂时让孩子驯服，而不能从根本上解决任何问题，最终则会扭曲孩子的性格。经常挨打的孩子，会出现以下一些不良的心态和心理偏差。

（一）说谎

有的家长一旦发现孩子做错事就打，孩子为了避免皮肉之苦，能瞒则瞒，能骗就骗，因为对孩子来说，骗过了一次，就可以减少一次“灾难”。可是孩子说的谎话，往往站不住脚，很容易被家长发现。为了惩罚孩子说谎，家长的态度会更加强硬，而为了逃避挨打，孩子下一次做错事后更会说谎，这样就构成了恶性循环。

（二）懦弱

如果孩子经常挨打，时间一久，孩子一看到家长，就会感到害怕，不敢接近。因此，不管父母要他做什么，也不管父母的话是对是错，他都只会乖乖服从。在这种不良的绝对服从的环境下成长的孩子，常常容易自卑、懦弱。这样的孩子往往惟命是从，精神压抑，学习被动。

（三）孤独

经常挨打的孩子，会感到孤独无援。尤其是父母当众打孩子，更会使孩子的自尊心受到伤害，他往往会怀疑自己的能力，会自感“低人一等”，显得比较压抑、沉默，认为老师和朋友们都看不起自己而抬不起头来。这样的孩子往往不愿意与家长和老师交流，不愿意和同学们一起玩，性格上也显得孤独。

（四）固执

有的家长动不动就打孩子，损害孩子的自尊心，使他们产生对立情绪、逆反心理。有的孩子用故意捣乱来表示反抗，你要往东，他偏要往西，存心让家长生气。还有的孩子，父母越打越不认错，犟劲越来越大，常常用离家出走、逃学来与家长对抗，变得越来越固执。

（五）粗暴

由于孩子模仿性很强，在家里父母打他，到外面他就打别的孩子，尤其是比他小的孩子。这种粗暴的性格一旦形成，长大后，孩子就会有暴力倾向。家长打孩子，其实是给孩子做了坏榜样。

（六）怪癖

有的家长打了孩子后，还硬要孩子“认错”，以此表明孩子是接受教育了。事实上，这样做只能促使孩子的排他倾向加剧。还有的家长打过孩子后，又觉得心痛后悔，就去抚摸孩子挨打的痛处，并加倍给孩子以物质上的补偿。这种情况，在开始时孩子会感到莫名其妙，但是时间一久，他也就习以为常了，慢慢地孩子也就会变得喜怒无常了。

父母要常常告诉自己：不要迫使孩子做任何事。正确的行为是鼓励的结果，而不是强制的结果。我们可以用智慧、技巧和幽默来鼓励孩子与我们合作。事实证明，与孩子合作是令人愉快的。无论从父母的角度还是从孩子的角度，合作的过程就是一个彼此了解、协调、改善的过程。我们一旦懂得了这个道理，就会运用许多巧妙的方法来代替强迫、行使权力，并从中获得意想不到的成功。

六、让孩子通过自我激励获得肯定

约翰家有个刻着“与众不同”4个字的红色餐盘，要是谁做了得到一家人认可的事情，吃饭就可以使用这个盘子。

这天，约翰带好朋友大卫回家。大卫骑来了一辆漂亮的新自行车，那正是约翰存钱想要买的车子。大卫得意地说，他这次测验及格，自行车是父母奖给他的。其实，约翰这次测验也及格了，但仍需要自己省钱买车。母亲担心约翰会有不公平的想法，便对他说：“我知道你可能会不愉快，尤其是你学习那么用功，还通过了测验，这都是我和你爸爸最感到骄傲的事，因此你有资格用红盘子吃饭了。”

约翰若有所思地看看自行车，再看看大卫，然后小声对母亲说：“妈妈，红盘子更棒，因为那是我自己努力得到的。”说完，就开心地和大卫出去玩了。

约翰的父母用红盘子吃饭来刺激孩子，通过孩子及时的自我激励来化解外界环境对他的影响，目的是培养孩子对自身行为的正确认识。

这个故事告诉我们：自我激励是习惯内化的结果，孩子重视的不再是父母的表扬或者物质上的奖励，而是对自己努力的肯定，并能正确面对物质诱惑，相反，不恰当的物质奖励会使孩子变得完全依赖于他人的赞许。

当孩子取得好成绩或有所进步时，最好的奖赏是能在当晚告诉家人，分享他的成就。作为家长，虽然我们可以不断重复地告诉孩子，我们是多么为他感到骄傲，但最终他还是需要依靠自己的力量来强化自己的行为。

帮助孩子形成这种力量的最佳做法是，指出他所做的事情值得给予荣耀，然后提醒他要从内心里承认自己。帮助孩子学会自我激励是一个长期而细致的过程，离不开家长的尊重、信任、指导及影响，这有助于孩子增强自信心，并保持继续努力的积极态度。

（一）实事求是，正确表扬

为了避免出现家长的鼓励一停孩子的良好行为就停的情况，家长在表扬孩子时要注意以下几点：一是表扬要值得，让孩子明白，自己真正该得到表扬；二是表扬行动，而不是孩子，因为表扬的真正目的是帮孩子学会分辨是非，找到改进自己行为的办法；三是表扬要尽可能具体，让孩子知道究竟什么事做对了。

（二）学习积累，积极引导

教孩子学会自我表扬和激励，家长的任务除了肯定和表扬孩子之外，自身也需要不断学习、积累各种自我激励的方式，才能更有效地引导孩子。比如，教孩子自我对话是一种效果不错的做法：“我很棒，我能做好这件事。”

（三）创设情境，自我激励

家长应根据孩子的年龄及家庭的实际条件，在家里创造积极的环境。例如让孩子的房间充满向上、乐观的气氛，创设轻松的家庭游戏方式，让孩子在自我激励的习惯养成过程中，了解生活和周围世界，增强孩子与父母间的情感交流与沟通。

（四）发现孩子有消极情绪，应及时采用适当的方法消除

可以建议他用以下方法思考：“即使不如人家，但毕竟尽了自己最大的努力，继续试着做，并满意自己所做的，不要胆怯、害羞。”当孩子在某事上失败了，他在自我激励时，家长更要鼓励他肯定自己的成功，这样可以帮助他缓解紧张的情绪和压力。

（五）帮助孩子独立、愉快地完成任务

过分的保护和缺乏保护都是有害的。当孩子遇到困难和压力时，要鼓励他自己动脑筋想办法，有需要时才给予帮助。好的主意和行为要受到表扬，并鼓励他进行自我表扬，这样，孩子在独立解决问题的过程中，就能体会到如何运用自我激励，并巧妙地运用各种方法解决问题了。

积极引导，尊重孩子的发展

要把孩子培养成学习的天才，关键在于要教他学会自我管理和自我教育。围绕这一核心，父母应致力于引导孩子在学习中寻找智慧、兴奋和快乐。因此在教孩子学习时要助兴，不要扫兴；要启发，不要“填鸭”；要从实际出发，不要过难过易；要以鼓励为主，不要总是处罚；要同孩子平等，不要摆家长架子；要注重孩子个性化发展……

一、尊重孩子的天性

家庭教育的原则应该是尊重孩子的天性，顺应孩子所长，给予积极的辅助和引导，比如有的孩子比较有心计、有很强的企图心，那么这个孩子很可能会成为某个领域的杰出人才，但是也容易因为心事太重而承受压力，遭受挫折。这时父母就应该在帮助他实现自己目标的同时注意劝诫孩子不要被自己的抱负所累，人生不可能完美，要学会取舍和放下；有的孩子天生是个乐天派，什么事情都不放在心上，那么这样的孩子会很容易获得快乐，也不用担心他会钻牛角尖，但是这样的性格很容易不思进取，不学无术，将来生活在一个较低的社会层次上，这时我们就要帮助孩子树立一定的进取心。有效的辅助和引导可以培养出一个天才，压抑孩子天性则可能泯灭一个天才。

(一) 扬孩子所长，避孩子所短

教育就是帮助孩子成为他本来可以成为的人，因为人是生而不同的，就像姚明无论怎么努力也成不了爱因斯坦一样，反之亦然，智慧父母懂得和孩子一起观察和发现孩子的天性并加以合理的引导。

西班牙画家毕加索在20世纪的艺术史上无疑留下了浓墨重彩的一笔，对毕加索，人们总喜欢称他为：人类艺术史上罕见的天才。然而人们却不知道在天才背后发生的故事。

毕加索很有艺术天赋，5 岁时所做的剪纸就已惟妙惟肖，创作的《手握大棒的赫克勒斯》绘画作品令人叫绝，毕加索被当地人称为天才。然而，被视为天才的毕加索却不适应学校的学习生活，上课对于他来讲就是一种煎熬，他听课时总是不能集中注意力，思想总是在稀奇古怪的幻想天地里遨游。上了两年学，还没学会简单的算术，更谈不上读书了。

毕加索后来回顾道：“一加一等于二，二加一等于几？我脑子里根本就没去想。切莫认为我未作努力，我当时也拼命想集中自己的注意力，可就是办不到。”一到下课时，同学们就跑到呆呆发怔的毕加索面前，逗弄他：毕加索，二加一等于几？老师则认为这孩子智力低下，无法施教，经常跑到毕加索父母面前，绘声绘色描绘毕加索的“痴呆”症状，为这事毕加索的母亲又羞又恼，觉得无脸见人。左邻右舍也一反常态，不再为他的绘画天赋叫绝，而是说：“瞧那呆头呆脑的样，只会画几幅画有什么用，他的父亲不也是一个小画家吗？不是和我们一样穷吗？”当时，几乎所有的人都认为：毕加索是一个傻瓜。

面对来自方方面面的讥嘲与蔑视，毕加索的父亲仍然坚持自己的意见：毕加索读书不行，绘画是极有天赋的。这不只源自舐犊之情，还在于他对孩子的真正理解和赏识。

为了掩饰自己学习上的落后，毕加索总是毫不费力地绘出才华横溢的图画，企图由此来躲避他学习上的无能。可是不论怎样，嘲讽却越来越猛烈，给小毕加索脆弱的心灵蒙上了阴影，他变得不爱说话了。

为了抚慰孩子受伤的心灵，关键时刻，是父亲为他擎起一片蓝天。

父亲每天坚持送孩子去上学，一到教室父亲便把画笔放在课桌上。既然孩子读书不行，就不要勉强他，更不能由此扼杀孩子的绘画天赋。这段时间，父亲成了儿子强有力的心理依靠，似乎离开了父亲，毕加索根本没有勇气去面对生活，以至每天上学，必须得到父亲会来接他回家的承诺后，毕加索才会松开父亲那温暖的手。

有了父亲的支持，毕加索每天都沉浸在想象的天地里，虽然功课不好，但他却在绘画的天地里找到了快乐。作为“坏学生”，在学校关禁闭已成了毕加索的家常便饭，禁闭室里只有板凳和空空的墙壁，可是毕加索却很高兴。因为他可以带上一叠纸，在那里自由地绘画。毕加索的父亲从不因此而责骂他。

赏识自己的孩子，不是容忍孩子一错再错的缺点，也不是盲目地溺爱，如果孩子有着与生俱来的弱点，而我们又一味不顾实际情况，恨铁不成钢，以恶言恶语、冷嘲热讽对待孩子，这会给孩子心灵造成难以愈合的创伤。毕加索的父亲在关键时刻拯救了孩子，我们做父母的也应该尽可能地扬孩子所长，避孩子所短，使孩子身心得到健康的发展。

（二）辅助而不是塑造

每个孩子身上都蕴藏着不可估量的潜能，有效地辅助孩子开发这种潜能就有希望获得巨大成就，而如果按既定方向塑造孩子则可能泯灭这种潜能，我们应当尊重每一个幼小的生命，爱惜生命的每一个内涵。不能开发孩子的潜能，是父母教育的失职和悲哀。

湖北省武汉市的舟舟，出生于1978年4月1日。父母给他取名胡一舟，意在希望他像一叶自由的小舟，快乐地去访问人生的每个港口。然而，舟舟还没有满月，竟被查出患有先天愚型病症。

尽管舟舟是智障，可他的父亲胡厚培还是有意识地培养孩子的自立意识，让他接触外面的世界。吃早餐时，胡厚培会给舟舟两块钱，让他自己出去买吃的，但舟舟经常是哭着跑回来。有几次，12岁的舟舟竟然光着身子哭着回了家，原来，有的孩子欺负舟舟，还扒光了他身上所有的衣服。胡厚培夫妇伤心极了，但他们还是不愿意把舟舟关在家里，使他失去生活和快乐的权利。

一天，舟舟的母亲张惠琴路过一家音像店时，发现一群人中不时地传来鼓掌声和喝彩声。她走近一看，原来是看似呆板的舟舟正在那儿进行音乐指挥，他的动作竟是如此地洒脱自如。突然，张惠琴心想：自己不能把舟舟培养成大学生，为什么不引导他向音乐指挥方向发展呢？当张惠琴兴奋地将自己的想法告诉丈夫时，胡厚培十分赞同。

于是，张惠琴便从音像店买来《梁祝》《卡门》《拉德斯基进行曲》等曲子的磁带，随时播放给舟舟听。而舟舟无论在哪儿，一听见音乐，就常常挥舞双手指挥起来。

1999年元旦前夕，中国残联特地邀请舟舟参加残联举办的春节晚会。在那次晚会上，舟舟将自己的音乐天才发挥得淋漓尽致，受到钱其琛、吴仪、邓朴方等领导人的好评。邓朴方拥抱着舟舟，深情地说：“一切生命都是伟大的！”

每个孩子都是天才，哪怕天生有缺陷的孩子，他们也都有巨大的潜能等待父母去挖掘。做父母的责任是帮助孩子发挥他天性中的长处，克服他的短处。遵照孩子的天性进行帮助，就会像庖丁解牛一样游刃有余，而忤逆孩子的天性，按照自己的愿望去塑造，就会像螳臂当车一样自不量力。

二、及早发现孩子的天赋

现在不重视孩子早期教育的父母不多了，但深谙教育之道的父母实在是太少，相当多的家长不知从何着手。他们或者盲目仿效别人（人家为孩子购置了一架钢琴，他也买一架），或者买一本育儿方成的书照章办事。结果人家成功了，自己却破财费力而“好心没好报”，道理简单，你的孩子天赋并不在此。由此可见，及早发现孩子的天赋，并有针对性地采取培养措施，才是科学的育儿之道，那孩子的天赋如何发现呢？

（一）给孩子提供广泛的机会

父母要想发现孩子的天赋，最重要的一条就是要让孩子接触各式各样的知识，鼓励孩子参与广泛的活动，积极地表现自己的才能。因为很难说孩子的天赋在哪儿，所以如果不给他提供广泛的机会，他就无法表现出来。

现在有的父母把孩子一天到晚关在家里做作业，也就是把孩子表现天赋的大门给关上了，只留下了一条路——从书本和做题中获得能力的路，而这条路未必是孩子的最佳成才之路。因此，父母应该给孩子提供各种机会，留心观察孩子在各种表现中显露出来的才能。孩子的天赋往往表现在他最感兴趣、最专注、最擅长的领域。所以应该鼓励孩子的兴趣和爱好，并给孩子创造条件。

父母可以与孩子玩各种各样的游戏，如果孩子对一项活动聚精会神，在某一类活动中玩的时间长，表现特别好，父母就应该有意识地给他提供更多的机会。有的孩子听到音乐就想动，这个孩子可能比较擅长肢体活动，这是父母需及时发现并注意培养的。细心敏感的父母常常能注意到孩子的不同寻常之处。

王涛在小时候，父亲就发现他对乒乓球有极大的兴趣和爱好，于是千方百计为儿子创造各种条件，经常带他看乒乓球比赛，每天陪他练球，送他进业余体校，最终，王涛成为乒乓球奥运冠军。

汉密尔顿出生时体弱多病，医生断言他活不到一岁。在家人的精心照料下。他奇迹般地活了下来。汉密尔顿 8 岁时，去看姐姐滑冰，他被晶莹的冰上世界和上面飞翔的人打动了，回家后跟父亲说他也想滑冰。父亲满足了他的心愿，教他滑冰，带他到滑冰场。又有谁能想到，他后来成了一个冰上之星，被人们称为“冰场上的精灵”。假如汉密尔顿没有去看滑冰，假如他的父亲因担心孩子体弱多病而拒绝了他的请求，汉密尔顿的一生能这么绚丽吗?

著名的法国昆虫学家法布尔 5 岁那年跟随父母去郊游，有一天晚上听到丛林中传来美妙的鸣叫声，他被这种声音吸引，不由自主地找寻过去，发现那声音不是小鸟的叫声，而是一种蚂蚱发出的声音。从此他对昆虫产生了极大的兴趣，后来成了很有成就的昆虫学家。

让孩子广泛地涉猎各个领域，广泛地参与各种活动，才能从中发现孩子的天赋。发现孩子的天赋所在后，给他创造良好的环境和条件，鼓励他将自己的天赋发挥到极致。这就是培养孩子成才的捷径。

（二）顺应孩子才能的方向进行培养

傅雷是我国著名的文学翻译家，他的儿子傅聪 19 岁时参加第四届国际青年学生和平友谊联欢节艺术比赛，获钢琴三等奖；21 岁时，他又参加第五届肖邦国际钢琴比赛，获三等奖。傅聪成名后，当问及他是怎样走上音乐道路并取得成功时，他总是把父亲称作他学音乐的第一位老师。那么，傅雷是怎样引导孩子从小学习音乐并挖掘他的音乐潜能的呢？

傅雷对子女教育有自己独到的见解。他认为，每一个人都有自己的天赋，在孩提时期，父母要善于发现孩子的天赋，并进行正确引导：如果逆天赋而行，那是无法取得成功的。基于这样的想法，当傅聪还在三四岁时，傅雷就在他的心灵活动中寻找他天赋的闪光点，开始为傅聪铺筑人生之路了。

起初，傅雷曾让傅聪学习美术，因为傅雷觉得自己精通美术理论，又有许多朋友是中国画坛巨匠，如果傅聪能拜他们为师，博采百家之长，定会在绘画上大有作为。

谁知傅聪不是绘画的料，他在学画时心不在焉，那些习作几乎都是鬼画桃符、乱笔涂鸦，丝毫没有显露出预期的那种美术天赋。而与此同时，傅聪的一些细微爱好则引起了傅雷的注意。他发现儿子钟情于家里的那架手摇留声机，每当留声机放音乐唱片时，儿子总是一动不动地靠在它旁边静静地听，一扫小男孩那固有的调皮好动的天性。

于是傅雷果断地让傅聪放弃学画而改学钢琴，此时傅聪已 7 岁半了。但傅聪的每一个细胞好像都是为音乐而存在的，他学琴仅几个月，就能背对钢琴听出每个琴键的绝对音高。启蒙老师雷垣教授肯定傅聪“有一对音乐的耳朵”。

傅雷最终认定，自己确实发现了傅聪的音乐天赋。傅雷为傅聪买回一架钢琴，傅聪每天放学回家做完功课就全身心地扑在钢琴上。在规定的弹琴时间里，傅聪没有活动自由，傅雷在楼上工作，傅聪在楼下弹琴。一听到楼下琴声停止了，傅雷就用准备好的木棍敲击地板，督促他继续练琴。傅聪学琴十分刻苦，就是在酷暑天，汗水湿透了衣裤也不肯休息，而他对音乐的理解也有独到之处。

傅雷立身处世的原则是做一个“高尚的人”，他也用这一原则教育儿子。他嘱咐儿子要永远记住四句话：“第一，做人；第二，做艺术家；第三，做音乐家；最后才是钢琴家。”

在父亲的教育下，傅聪脱颖而出。1953 年夏天，经过选拔，傅聪前往罗马尼亚参加第四届国际青年学生和平友谊联欢节钢琴比赛。在联欢节上，傅聪演奏了《斯克里亚宾练习曲》，效果极佳。联欢会后，国家又派遣傅聪到波兰学习钢琴，导师是“肖邦权威”杰维茨基教授。半年后，经过一个月的紧张角逐，傅聪摘取了第五届“国际肖帮钢琴比赛”的“玛祖卡”奖，震惊了中外乐坛。

从理论上来说，挖掘孩子的优势潜能是“补强法则”的一种体现。“补强法则”是美国加州大学的哲学博士詹姆斯·多伯森提出来的。他以哲学家的眼光，根据美国家庭教育和中小学教育的经验和教训提出：当一个人的行为得到满意的结果时，这种行为就会反复出现。比如，有个小女孩穿了一件漂亮的裙子，周围的小朋友都说她穿的裙子好看，那么，她就会喜欢穿这条裙子。其实，这种强化的动因，来自周围人的尊重和赞赏，使主体自身产生了一种愉悦和自豪的体验，而这种体验就会让孩子获得自尊与自信。

在家庭教育中一个不可忽视的途径，就是父母要给孩子创造表现能力的机会，让他们都尝到成功者的喜悦以此获得自信。不管哪个孩子，必然会有一些特殊的才能，只要父母善于挖掘，孩子的潜能就一定能够挖掘出来。

三、保护孩子的好奇心

有一天，一位母亲看到了女儿的一张绘画作品。当时，她一下子就怔住了。孩子总是充满了想象，孩子的世界也应该是一个充满了想象的世界，可是，在她女儿的一幅名为《陪妈妈逛街》的画中，既没有高楼大厦，也没有车水马龙，更没有琳琅满目的商品，有的只是数不清的大人们的腿……

奇怪！她拿着女儿的画深思了很久，终于解开了疑惑。原来，幼小的孩子还只有几岁，身高也几乎只能达到大人的腰部。走在大街上，川流不息的人群将孩子遮掩着，孩子除了能看到大人们的腿，还能看到什么呢？

妈妈如梦初醒，是啊，孩子们上街看到的不是高楼大厦和车水马龙，而是大人们的腿，这是他们的身高决定的；孩子对很多问题疑惑不解，这是由他们的年龄、智力和见识决定的；并不是每个孩子都能用和大人相同的视角来看待社会、生活……

作为父母不应该以成年人的眼光来看待孩子对某些事物的“特殊”看法。比如孩子们会经常问：“妈妈，我是哪来的？”“妈妈生的。”“妈妈是哪来的？”“妈妈的妈妈生的。”“妈妈的妈妈……”经常和孩子在一起，你一定会发现他们似乎有问不完的问题，闯不完的“祸”，弄得大人往往觉得他们很烦。

但如果我们静下心来，便会从孩子问这问那、摸这儿摸那儿中看出，其实他们是对大千世界充满了好奇，他们渴望通过自己的探索了解世界，探个究竟。牛顿因为苹果从树上掉落而引起好奇，后来发现了“万有引力定律”；瓦特对滚水把水壶盖子掀起产生好奇，进而探究其原理，才有蒸汽机的发明……

孩子常常对我们已经习以为常的东西表现出极大的兴趣，好奇心是孩子们的天性，往往蕴藏着不可预测的潜能，也是他们敢于探索新知、敢于创新的动力，是获得智慧的关键。保护孩子的好奇心，就是保护孩子的未来幸福。

（一）让孩子在满足好奇的过程中获取知识

当孩子对一件东西表示好奇并且开始表现出一种破坏行为的时候，你该怎么做？有没有想过如果保护了物品你可能就无法保护孩子的好奇心了？在我们传统的教育观念中，长辈们似乎更关心的是保护物品不被孩子损坏，而对孩子的要求就是不要调皮捣蛋，这样的观念是一种扼杀孩子好奇心的观念。

著名教育家陶行知先生曾碰到这样一件事：一位母亲对他抱怨说，她的儿子非常淘气。把好好的一块贵重金表给拆坏了，她把儿子打了一顿。陶行知先生当即说："可惜呀，中国的爱迪生让你给枪毙了。"陶行知先生的这番话确实道出了目前在家庭教育中，一些父母是怎样在无意中扼杀了孩子可贵的好奇心的。因为这会直接影响到一个人的创造性的形成。

保持孩子好奇心的诀窍是大人要有童心，要会换位思考。大人对孩子的好奇心不能理解，甚至不耐烦是因为孩子因好奇心而引发的问题，大人早就知道了，站在大人的角度，没什么可解释的。正如作家桑姆·金丽所说："我们的眼睛变得只盯着追求的目标，以至于对眼前的玫瑰花也不惊奇。"

因此，首先要解决的问题是尊重孩子的好奇心，允许他提问；其次不要敷衍孩子，要给孩子的提问以满意的回答。如果自己不懂，就带孩子一起去找答案。另外，家长要学会说这样一句话："我真喜欢你爱提问题。"有时对孩子的提问，还可以不用马上提供答案，而是进一步提出一个疑问和悬念，激起他更强的好奇心。最后，允许孩子探索，比如拆东西。家中如果有贵重东西，尽量放在孩子看不到的地方，如果他看到给拆了，就千万不要责备他。否则对孩子的好奇心是致命的打击。

好奇心是孩子们的天性，也是他们敢于探索新知，敢于创新的动力。创造精神就像是一双巨大的翅膀，能带领孩子在知识的天空里展翅高飞。父母可以从保护孩子的好奇心开始，培养他们的创造精神。

诺贝尔物理学奖得主、美国加州理工学院物理系教授查德·费曼天生好奇，自称为"科学顽童"。他十一二岁就在家里设立了自己的实验室。在那里自己做马达、光电管这些小玩意，还用显微镜观察各种有趣的动植物。

他还在其著作《别闹了，费曼先生》一书中讲述了自己在念研究生时发生的一件事：为了弄清蚂蚁是怎样找到食物，又是如何互相通报食物在哪里的，他着手做了一系列实验，如放些糖在某个地方，看蚂蚁需要多少时间才能找到，找到之后又如何让同伴知晓；用彩色笔跟踪画出蚂蚁爬行的路线，看究竟是直的还是弯的。正是这些实验使他知道蚂蚁是嗅着同伴的气味回家的。

由此可见，费曼先生在物理领域取得的巨大成就与他强烈的好奇心不无关系。父母要想为自己的孩子创造良好的启发环境，就应该保护孩子的好奇心，鼓励他们在满足好奇的过程中获取知识。

（二）制造悬念，用好奇心引导孩子

著名教育家陈鹤琴曾说过："好奇动作是小孩子得着知识一个最紧要的门径。"强烈的好奇心能使孩子产生学习的兴趣，孩子只有对学习产生了兴趣，才能从学习中体验到快乐，才会热爱学习，并主动学习。

小斯宾塞有一段时间只爱玩游戏，对书本不感兴趣。一天，老斯宾塞拿着个沙漏，告诉他说，这是古时候的钟表，里面的沙子全部漏下去时，整好是三分钟，小斯宾塞想玩玩这个沙漏。这时老斯宾塞说，以沙漏为计时器，和爸爸一起看故事书，每次以三分钟为限。小斯宾塞很高兴地答应了。

小斯宾塞果然静静地坐下来听爸爸讲故事，但事实上他根本没有留意看书，而是一直看着那个沙漏，三分钟一到，便跑去玩了。老斯宾塞没有气馁，他决定多试几次。这样数次之后，小斯宾塞的视线渐渐由沙漏转移到故事书上了。虽说约定三分钟，但三分钟过后，因为故事情节吸引人，小斯宾塞听得特别入神，他要求延长时间，但老斯宾塞坚持"三分钟"约定，不肯继续讲下去。小斯宾塞为了早点知道故事情节，就自己主动阅读了。

开始的时候，老斯宾塞在一旁陪伴孩子读书。遇到不认识的生字，小斯宾塞也懂得询问了。不久，老斯宾塞教孩子学习查字典。他在以后的短短半年中，所学习的生字超过了很多大孩子。当然，故事书也远远不能满足他的阅读兴趣了，小斯宾塞开始广泛地阅读有用的书籍，大大开阔了自己的视野。

在人类社会里，对任何事物都保持一种强烈的好奇心的人，兴趣往往十分广泛，创造力也特别强。这种人对大家觉得平常的问题，依然保持着强烈的好奇心和旺盛的求知欲，驱使着他不断学习、积极进取。

每个人在成长的过程中看到自己不了解的事物都想探个究竟，小的时候更是这样，孩子会对自己所看到的一切感到惊奇，常常会向父母问这问那，久而久之即使最有耐心的父母也会感到麻烦、费劲，其实他们往往忽视重要的一点，好奇心是促使孩子学习、成长的良机。好奇心不是凭空产生的，它是可以培养的，如果学习的内容就像一壶白开水，没有一点悬念，没有人会对此产生兴趣，真正的趣味学习在于制造悬念，由浅入深。

有一对父母，他们不是把孩子看的书放在书桌上，而是把这些书籍藏起来，可爱的孩子觉得父母既然把它藏起来，肯定是一本不同寻常的书，便“偷”来仔细阅读。可见，只要掌握了孩子的好奇心，就别怕孩子没有学习的动力。激发孩子的好奇心，是父母成功引导孩子的关键所在。

（三）珍惜孩子的好奇心，父母应该怎样做

1. 给孩子创造一个丰富多彩的学习环境

环境刺激是丰富多彩的。当世界上千姿百态的事物具体地呈现在孩子的面前时，要让他们亲自去看看、听听、闻闻、尝尝，以至摸、掰、拆等摆弄一番。这实际上就是让孩子主动去探索生活中的奥秘。日常生活中，可以让他们多玩些色彩鲜艳的或者能活动、能发声的玩具，如各种娃娃、带动力的小汽车、飞机及小铃铛、玩具乐器等，从一开始认识世界就丰富他们的眼界。在节假日还可以带他们出去郊游，大自然中的花草树木，鸟兽虫鱼、青山绿水都充满了知识的奥秘，对孩子有着无穷的吸引力。

2. 让孩子自己探索问题。有的父母只是注意丰富孩子的知识，不厌其烦地回答孩子提出的问题，这样一来，就会使孩子不能很好地开动脑筋、积极思考。父母应该鼓励孩子开动脑筋，认真思考，查阅相关书籍和资料，自己寻找问题的答案。

3. 为孩子提供动脑、动手的机会

根据孩子模仿性强、爱动的特点，可以让他们利用手边的工具，充分运用各种感官，自己观察，自己动手操作，让孩子体验到一种自我成就感和乐趣。比如让孩子自己制作简单的玩具，自己设计一种游戏等。他们对于自己动脑筋想出来、自己动手做出来的东西，有一种偏爱和特殊的兴趣，因而类似活动有利于激发起他们强烈的好奇心和求知欲。

4. 经常与孩子参加户外活动。父母可以和孩子多逛逛游乐园、动物园等，户外活动更容易引发孩子的好奇心，是培养孩子创造精神的好环境。

5. 利用故事增强孩子的好奇心

故事是用口语化的艺术语言来表达的，它有内容，有情节，形象生动，孩子一般都非常喜欢听。故事不但能丰富孩子的知识，扩展孩子的视野，使他们从中懂得人生的哲理和价值，而且还能起到增强好奇心、丰富想象力，从而激发求知欲望的作用。

四、为孩子营造良好的学习环境

孩子离不开父母的培养，孩子的教育是从父母创造的家庭环境中开始的，孩子的各种能力也是从与家庭成员的接触中逐渐提高的。可以说，父母所创造的家庭环境的好坏，决定了孩子的未来。

为此，父母应营造出欢乐的、充满爱的家庭环境，这是教育孩子的首要条件。夫妻间的相互尊重和帮助，似乎与孩子的教育无关，却是给孩子上的第一课。刚出生的孩子，大脑是一片空白，在每天生活的刺激下，大脑逐渐把外界的信息进行归纳整理，形成自己的智力。良好的夫妻关系，将大大促进孩子的心理健康和智力的发展。

孩子到了幼儿期，就要进一步培养他热爱读书的良好习惯。孩子都具有强烈的学习欲望，对于幼儿来说，学习是一件快乐的事，他们都希望从各种事情中学习。如果能够满足其学习的欲望，就能够培养出优秀孩子。反之，放任这种欲望不管，则其对于周围的环境就会渐渐丧失兴趣、丧失希望而觉得无聊，变成一个对于任何事情都不关心的孩子。

我们知道，犹太民族是个很聪明的民族，为了解释在智力取向的活动中犹太人的优势之谜，人们提出了无数的理论。其中，美国一位作家在书中写道："犹太人家庭是学问受到高度评价的地方，在这个方面，非犹太人的家庭相形见绌。就是这一个因素，构成了其他一切差异的基础。"

据说，在每一个犹太人家里，当小孩稍微懂事时，母亲就会翻开《圣经》，滴一点蜂蜜在上面，然后叫小孩子去吻《圣经》上的蜂蜜。这个仪式的用意是：书本是甜的。古时候犹太人的墓地里常常放有书本，因为"在夜深人静时，死者会出来看书的"。当然，这种做法有些象征的意义，即生命有结束的时候，求知却永无止境。犹太人家庭还有一个世代相传的传统，那就是书橱要放在床头。如果书橱放在床尾，就会被认为是对书的不敬而遭唾弃。犹太人爱书的传统就这样由来已久，深入人心。这种爱书的传统，造就了一批又一批人类的精英。

犹太民族的这些爱书传统，对我们具有重要的启示意义。那就是，要培养爱学习的孩子，就必须给他们营造一个浓郁的读书、爱书的氛围。

对于孩子来说，他们在学习的时候必须做到"入境""入静"，也就是做到目的明确，思想集中，心里踏实，适度紧张。要达到这样的境界，需要家长与孩子共同努力，特别是作为家长，要为孩子创造良好的学习环境。

为此，要给孩子预备固定的学习地点，桌椅位置固定，不能随意搬动。这样孩子容易形成专心学习的心理定势，一进入这个环境，脑子就进入学习状态。桌子上不能乱七八糟地堆放东西，只能放课本、作业本、文具以及必要的工具书，旁边有一个小书架更好。不要放玩具、零食，以免干扰孩子学习。

孩子学习时，家人应尽量保持安静，电视机、收音机最好不要开，如果在不同的房间，应把门关好，声音调小。说话不应大声，尤其不要吵架。

家长最好和孩子拥有共同学习的时间。可以约定一个时间全家人同时学习，有的读书，有的看报，有的写东西，这样的家庭气氛最能促进孩子专心学习。

家长尤其要创造适合孩子学习的心理气氛。家庭成员之间互相关心、亲密融洽，是孩子“入境”“入静”的重要条件。家庭人际关系如果不和谐，经常吵吵闹闹，对孩子是一种心理干扰、情绪压力，孩子会产生焦虑、恐惧、厌烦等心态，无法安心学习。一颗小苗要有充足的阳光雨露去滋润，周围要有适宜的生长条件，经过很长的生长期，小苗才能长成参天大树。孩子要成为有用之材，除了自身努力外，在学校受到良好教育的同时，还要具备一个文明、和睦的家庭环境。因此，每位家长要有意识地提高自身修养，为建立一个良好的家庭环境尽职尽责。

五、激发孩子的学习动机

吸引孩子热爱学习、引导孩子学会学习是父母的一项重要职责，也是父母的真正魅力所在。热爱学习的基础是学习的愿望即学习动机。

学习动机是掌握知识、形成完善品格的重要条件，是直接推动孩子进行学习活动的内部动力。孩子们到学校去学习，动机是千差万别的，有的希望像哥哥、姐姐那样戴上红领巾，有的想跟同学在一块儿玩，有的是由于父母的启发和要求……

一般说来，低年级儿童学习动机是直接与学习活动相联系的，他们主要感兴趣的是学习活动本身：手里的小棍，书里的画面等，对学习的结果如何，常常不大关心。小学高年级儿童会逐渐理解学习的社会意义，明确学习的责任，义务感会大大增强，从要我学逐渐过渡到我要学。许多聪明儿童在家中和学校都没有激发起学习动机，当他们不尽力去取得好成绩时，学习动机是不可能自行纠正过来的。那么，父母和老师就必须介入。

若要孩子做得好，必须让他想做好。从教育上讲，你可以给孩子提供全部的智力营养，如高质量的玩具、最好的学校以及充满爱的家庭，但是你不能强迫孩子去想获得成功。那么，为什么有些孩子能够激发起成功的动机，而有些却不能呢？

动机是孩子根据以往的经验而对事情的预期结果。例如，一个年龄不大的儿童能够合乎情理地期待用 6 块砖造一个建筑物。当然一开始他并不确定，但是在他成功之后，他会感到十分满意，并由此激励他下次尝试用七块砖来造建筑物。但是，如果他失败了，他对自己能做什么的估计就会打个折扣。他可能会重新尝试，这要取决于他对这件事的感觉方式。如果又失败了，那么就会导致又一次的挫折。若成功了，就会对自己感觉更好。他之所以失败，原因可能是他用的砖没有上一次的好，或者是他操之过急，但是孩子并未意识到这一点，这时的期望就没能建立在真实的情形之上。无论哪一种情形，由于上一次的体验，他对下一次“造楼”游戏的期望就会降低。

以这种尝试错误的方式，孩子可以判断自己能做什么，以及什么时候能够做。他会多次使用父母和老师的判断，以帮助形成他的指导原则。要让孩子竭尽全力，就应鼓励他下次目标稍高一点，但是他的期望值不应太高，也不应太低。

当父母和老师对孩子期望太高，以致他注定要经常失败时，他会对自己的判断失去信心，越来越依赖老师和父母对他能力的看法，他也可能把自己视为失败者。被人认为是天才的孩子有可能遇到这种情况，例如，人们可能会期望他们在所做的各个方面都能成功。但是孩子与成年人一样，有好运也有坏运，有擅长的也有不擅长的，不可能事事成功。

可以教会孩子确定他们能做什么，这样就能帮助他们尽最大努力。成功的动机和思维的独立性来自安全感和支持，这是在生活中很早就学得的。这意味着让孩子在成绩面前产生自豪感，确信无论什么时候只要他设法做好，就会得到父母明确表扬和注意。父母在孩子学习和成功的愿望方面起着很重要的作用。

如果父母从一开始就把孩子视为独立的个体，允许孩子自由地表达，很少批评他们，那么孩子就更有可能成功。若父母对孩子过多控制，过分保护，不愿意与他们辩论，这样的孩子一般成绩都不太好。

许多最终成名而且一定很聪明的儿童，在学校里未必做得好，爱因斯坦就是一例，邱吉尔也是。但是一旦激发起他的动机，就不会有止境。那么家长如何培养孩子的学习动机呢？

（一）因势利导，激发学习动机

家长们可利用一切教育的机会，培养孩子正确的学习动机。例如：孩子喜欢小动物，就带他们到动物园去观察，给他们看一些介绍动物的画册、图书，教他们多读书，以后就能掌握更多的知识，成为动物学专家。孩子喜欢漂亮的房子，可以因势利导，要他们学好数学、美术等，将来成为建筑师。总之，可以利用一切具体的人和事物及时教育孩子主动地、认真地学习，逐步理解学习的社会意义。

（二）及时反馈，端正学习动机

随着年龄的增长，孩子们对学习的内容和结果越来越注意。在学校里，我们常看到这样的现象，在低年级的课堂提问中，孩子们乐于举手回答教师的提问，对回答的内容和结果不够注意，甚至站起来回答不出来，但他们仍然乐于举手。从中年级起，孩子对父母的提问变得慎重起来，因为他们知道，回答的好坏反映了学习的成果，涉及父母和同学们对自己的评价。因此，到了高年级，家长要注意及时向孩子反馈他们学习的成果，要根据孩子的特点与程度，正确地评估他们的成绩，以鼓励为主，不断提出新要求，帮助孩子树立正确的学习动机。

（三）利用内外因，诱发学习动机

学习动机是在一定诱因条件下，意识到需要而产生的。能够激活孩子学习需要的诱因有两类：外部诱因与内部诱因。

外部诱因包括社会、家庭与学校诱因。家庭对孩子学习动机的形成具有基础性的作用。如果家长认为“读书没有用”“赚大钱才是好样的，而这不一定需要学习好”，就很可能使孩子建立消极的文化知识价值观，对孩子的学习有不利影响。家长文化层次较高，业余时间用于学习较多，关心孩子学习，孩子的学习成绩就很可能较好。

内部诱因是孩子的学习目的与自我期待。孩子如果能从学习的过程本身获得快感，这将是最理想的情况。另外，家长对孩子的期待经常能内化为学生的自我期待。例如，美国著名运动员卡尔·刘易斯在 11 岁时就梦想着有一天能打破比蒙创造的 8. 9 米的跳远世界纪录，他经常去测量这个长度。但他参加比赛后连续失败了几次，12 岁时一次跳远比赛又失败了。回家后刘易斯失声痛哭：“我输够了，输够了！”刘易斯的父亲教子有方，他笑着对刘易斯说：“伙计，那么现在你唯一要做的事就是开始赢！”刘易斯将父母的期望转化为动力，他真的开始赢了，不仅以 8. 91 米打破了比蒙的纪录，而且连续 4 届奥运会都获得了跳远金牌，创造了奇迹。

现在不少教师总是要求家长在学生的试卷或作业上签字。这里暂不讨论这种作法是否正确，不过也给家长提供了一个表达期望的机会。家长签字时，可以写上“一句话评语”，给孩子以激励，激发其学习动机，例如，“书山有路勤为径”“精益求精”“火要虚，人要实”“笨鸟先飞早入林”“小聪明不是真聪明”“没有毅力一事无成”“华而不实最致命”“跌了跟头，莫怨石头”等等，家长的恰当评语会成为火花，点燃孩子奋进的火炬。

现在有不少家长，担心“愉快教育”会影响学生学习质量的提高。他们说：“学习就是苦的，怎么会愉快呢？”看来需要转变一下教育思想。其实，“愉快”与“刻苦”并不矛盾，二者不是生死冤家，不要人为地把二者对立起来。“我心情很愉快”“我在刻苦学习”这有什么矛盾呢？愉快的对立面是痛苦，刻苦的对立面是懈怠，以懈怠的态度学习才是痛苦的，愉快与刻苦完全可以经常结合在一起。

曾获诺贝尔物理学奖的杨振宁先生见国内有一篇报道说他年轻时“终日苦读物理”，他反驳说：“什么‘苦读’，我在学习物理时感到极大的乐趣，一点都不苦。”

孩子刻苦学习时经常是愉快的，不愿意学习的人才会对学习感到痛苦。孩子如果具有学习的内在动机，学习成功是指日可待的。他解答了一道难题，他写了一篇出色的作文，心里会产生满足感，很快乐。所以家长要相信绝大多数孩子是愿意学习的，是有旺盛求知欲的。家长对他的谆谆教导和严格要求是外部动机，但可以转化，当孩子完成学习任务后要使他体验乐趣，相机表扬鼓励，慢慢地内部动机增加了，学习逐步变成自觉的行动，最后变成自动的行动，此时就很少需要家长的督促。

总地来说，在激发孩子的学习动机方面，社会大环境对文化的重视是一个方面。而从家长的角度出发，另一方面主要是热情期望孩子成材，要使他们明确学习目的，要设法用知识吸引他们的学习兴趣和注意，使他们在学习活动中感受到学习过程本身带来的乐趣，从而调动学习积极性。

六、培养孩子的学习兴趣

学习兴趣是推动孩子学习活动的一种动力，它不是自然形成的，需要父母进行培养。孩子如果没有学习兴趣，任何好的学习条件对他来说都形同虚设，一旦有了兴趣，不用催促，他也会全力以赴认真学习。

有一个故事说得很有意思：有个印第安人和他的朋友走在闹市区，车来人往穿梭不停。印第安人是以捕蟋蟀为生的穷人，靠捕蟋蟀卖钱来糊口。突然，印第安人停下脚步，大叫："我听见一只蟋蟀在叫。"他朋友对他说："你发神经，不可能。"印第安人认真地回答："不！我听到了蟋蟀在叫，没错！"朋友肯定地说："现在正在中午，人那么多，汽车喇叭声此起彼伏，你不可能听见蟋蟀叫。"

印第安人并不理睬，独自穿过马路，果然在小灌木丛中发现了一只蟋蟀，他的朋友惊叹不已。印第安人说："其实，我的耳朵和你的并没有什么两样，我只是用心去听罢了。"说完，印第安人又做了个实验，他将一把硬币丢在了水泥路上，半条街的人都随即转过头来。印第安人笑着对朋友说："兄弟，现在你相信了吧，关键看你是不是用心去听。"

这个故事告诉我们，只要是孩子感兴趣的，他们自然就会提高注意力。因此转变学习态度，先要培养兴趣。教育的进程不能颠倒，学习的条件和动力也不能倒置。为父母者，心要细，气要顺，手要慢，激发孩子的学习兴趣，孩子自己当然也要努力去培养自己对于学习的兴趣。

培养孩子学习兴趣的一种有效方法就是兴趣迁移。玩游戏机的孩子可以专注得废寝忘食；打篮球的孩子，可以在操场拼个“你死我活”；聊天娱乐的孩子可以按得手指麻木……这么耗费体力和脑力的活动，孩子们为什么会乐此不疲呢？就是因为兴趣使然。如果将这种执着进取的精神用于学习，将会产生多大的动力啊！

可是有些孩子偏偏就对学习无法提起兴趣，家长心急如焚，孩子自己也苦恼万分，其实大可不必如此紧张，学习的兴趣完全可以慢慢培养起来。先从孩子有兴趣的地方开始：健康活动、体育运动、棋类活动、唱歌跳舞、绘画、表演都可以。磨刀不误砍柴功，花点时间培养兴趣，这个培养兴趣的过程就是一个人成长的过程，其间的方法或许可以应用到学习中去。

因此对于孩子学习以外的某些娱乐的兴趣，家长千万不要一味去扼杀，而要正确引导，引导到学习兴趣上来。同样的精力，同样的劳累，同样的拼搏，许多娱乐与学习产生兴趣的要素是相同的，都会使人兴奋，都会获得成功的快感。可是孩子对学习的兴趣为何始终不如对娱乐的兴趣那么高呢？一个很重要的原因是我们的孩子过早地进入紧张学习的状态，造成了提前兴奋，从而对兴奋的持续性产生了抑制，无聊、厌倦的情绪一股脑儿向他们涌来，纵然他们主观想努力，客观上也提不起兴致。倘若孩子家长不再唯考分是从，适当减轻一些压力，或许孩子们有朝一日能感觉到，在其他活动中的兴趣在学习中同样可以寻找到，那么自然而然就被引导到学习中来了。

即使孩子对于活动的兴趣最终无法迁移过来，但如果他在某一项活动中，兴趣十足，表现突出，说不定也会产生意想不到的效果，所谓“三百六十行，行行出状元”说的正是这个意思。

孩子的学习，兴趣开发永远应该放在第一位，兴趣永远是最好的老师。那么，做家长的应该如何培养孩子的学习兴趣呢？

（一）珍视孩子好奇心

对孩子的好奇心、兴趣和才能，一不推，二不捧。有些父母对孩子提问缺乏耐心，往往采取回避或粗暴的态度，“去，去！没看见我正忙着吗？就你问题多！”这些粗暴的做法就是推，它把孩子的求知欲望摧毁了。对子女的好奇心和兴趣、才能要热情鼓励，给予支持，但不能捧，尤其不能把孩子的才能当作家庭的小摆设，在大庭广众、亲戚朋友中炫耀、吹捧，那样会使孩子沾沾自喜，以致误了孩子终身。

（二）明确学习目的

目的和兴趣都是需要的表现形式，它们之间有着十分密切的关系。孩子对某一事物认识的目的越明确、越具体，对该事物的兴趣就越大。仅仅由某事物或现象的生动性或趣味性引起的儿童兴趣是肤浅的，而由明确的学习目的支持的学习兴趣，才是深刻的、稳定的和持久的。在小孩子的课程范围内，有些知识是相当枯燥的，比如数学中的某些知识，它们很难以其本身的生动性引起儿童的兴趣，但是，如果家长能向孩子说明这些知识在社会实践中的作用，并启发或直接带着孩子去亲身体验，让孩子明确学习目的，孩子可能会乐于学习这些知识。

（三）帮助积累知识

假如说一个孩子对某方面的知识产生兴趣，他必然是已经接触了这方面知识，并且有所体验，感觉到它很有趣。如果一个孩子在这方面的知识是零，那么，他说对它有兴趣，则只不过是一句空话，是没有根基的，是不可靠的。知识的积累有助于孩子学习兴趣的发展，例如，阅读兴趣需要以识字为基础，识字越多，可读的书籍类别越多，范围就越大；学习历史，知道的历史事件越多，对历史的兴趣可能越浓，参观历史博物馆就能帮助孩子积累这方面的知识。

（四）督促完成学习任务

兴趣是需要的表现形式，没有需要的产生就根本不会有兴趣的产生。给孩子提出需要完成的学习任务，让他们感到有必要去观察、思考，并寻求结果，则兴趣会伴随着发生。例如，让孩子收集十种树叶，做植物标本，但自己家的庭院里或宿舍楼旁边却只有五种树，孩子便只好到山上或公园里收集树叶，凑够十种，这个问题便能调动孩子对公园里或山上的各种植物的叶子产生兴趣，树叶标本做好了，再要求孩子说明它们分属于哪些树，这些树有什么生长规律，这样孩子便要进一步观察，并翻阅图书查找这方面的资料，这可能促使孩子对某些植物方面的知识产生兴趣。

（五）恰当运用竞赛方法

竞赛能激起孩子争上游的欲望。这种欲望会无形地激发孩子的学习兴趣。例如，让孩子一人埋头做题，他可能做一会儿就烦了，但如果适当穿插一些心算竞赛，则可能激起并保持孩子算题的热情和兴趣。父母和孩子，三人参加，父母中有一个出题并兼裁判，一人同孩子比赛，十题一组，采用抢答方式，最后计分，看谁优胜。一组题算一盘，可比三盘，三盘两胜，也可比五盘，五盘三胜。又例如，语文作业中的由字组词训练，也可以由父母同孩子比赛，每出一个字，看谁组词多，而且不限于两个字组的词，也可以是三个字、四个字，甚至五个字组成的词。例如一字，可以组成一旦、一行、一贯、一味、一律、一般、一瞬、一系列、一言堂、一马当先等。

（六）营造孩子学习兴趣的环境

要使孩子学得有兴趣，学习的内容必须贴近孩子的生活，方法也应适当变化。同样是要孩子写一篇作文，甲家长用命令的口吻对孩子说：“今天是星期天，你必须写一篇作文。”孩子冥思苦想，无话可说，兴趣全无。而乙家长先带孩子到公园去游玩，让孩子说游玩的过程，适当地予以指点，再让孩子记下来，孩子兴趣盎然，文章便会写得有声有色。再如让孩子算一个月的生活费，也能激发他们学习数学的兴趣等。

七、增强孩子学习的恒心和毅力

毅力是指在明确学习目的情况下，克服和排除学习中的内外困难和干扰，以顽强的意志完成学习任务的品质。当孩子具有了这种品质以后，他们就不会因一时的困难而气馁，也不会因内外干扰而分心。人的认识活动充满了各种各样的困难，人的意志总是与克服各种困难相联系，并在有目的的行动中表现出来。爱因斯坦说："优秀的性格和钢铁般的意志比智慧和博学更为重要。"在日本，人们推崇所谓"忍术"，并且有一种"忍术的修行法"，其中有一个训练跳高的方法："种下大麻，使其生长，每天在它上面跳越。"日本著名教育家铃木认为这是培养非凡能力的好方法，值得采用。

大麻时时刻刻在生长着，如果每天都在大麻上跳越的话，自己的跳跃能力也在逐日提高。随大麻的生长而每天练习跳越的人就会轻而易举地、自然而然地跳越过去。由此可见，悲叹自己无能的人是多么无知啊！

"能力，只有通过努力才能掌握，只有通过反复做才能熟练掌握"，这是铃木的自戒。

有一次，铃木把自己说的"生命在音乐中无形地成长"这句话写在了1500张诗笺上，准备把它送给学生们。铃木利用晚睡或早起的时间去写，有人说："你这样做太辛苦了。"但是对于铃木来说，这样做，不但不辛苦，反而感到很高兴。既然写就想写好。每写一张，嘴里就不断嘟哝着：写得再好点，写得再好点。

对于不是画家的铃木来说，写好字是相当难的。尽管这样，每当写一张，他就增加了一份信心和力量。终于写得越来越漂亮了。同是一张诗笺，但字写的一张比一张好，这确实是难以形容的反复做的妙趣啊！

在松本音乐学院有一个满 6 岁的孩子，名叫纺子，行动极其缓慢，做任何事情都比其他孩子完成得慢。铃木把纺子放到其他孩子中间一起培养。

在教室里，并排站着几个与纺子年龄差不多的孩子。老师站在他们的面前，喊道："好，一、二、三！"

当喊到"三"时，立刻把右手举过头顶，让孩子们跟着学。这是对孩子瞬间感觉和快速行动的一种训练，是拉好小提琴的基本能力。

孩子们最喜欢这样的游戏。上课前，孩子们高兴地大声喊叫着，同时迅速地把右手举过头顶。不过，只有纺子一个人慢腾腾地举过头顶。

因此，铃木改变了主意，与其让纺子学小提琴，不如培养她瞬间行动的能力。为此，先让她本人按自己的速度自然地做举手动作，这是对她的耐力的一种考验。每逢铃木上课，都让她与其他孩子一起认真玩这种游戏。不久，她便能操作小提琴了。

这种马拉松式的训练持续了十二三年后，发生了令人震惊的变化，纺子成为了松本音乐学院首屈一指的伟大的演奏家，并成为柏林广播管弦乐团的成员。

孩子即使有什么短处，也不要把它视为天生的而放任不管，应该经常进行练习，最多用10年的时间就可以把其短处变为长处。

对此，多数人都经历过。可以说，任何事情的成功与否是与能不能坚持干到底有关的。毅力也是能力，所以必须加强培养。那么怎样培养才好呢？

首先下决心开始后，要忍耐一段时间。值得注意的是，最初的这种忍耐是决定自己命运的。这是因为继续忍耐一段时间，必要的毅力就会产生出来，做事情也就相应地容易多了。这就好像一粒树种子埋进土里，很难出土发芽。虽然肉眼看不见，但从埋进土里的那时起，种子就开始变化，作发芽的准备。幼芽终于破土而出了，它孕育着向上的喜悦和生长的快乐。幼芽渐渐长大了，与此同时，幼芽的根开始在土里生长。这根就是促进树生长的力（以人而言，促进能力发展的根源），即所谓根气。幼芽渐渐发育、茁壮成长，形成树的状态，与此成比例的根部也渐渐粗壮起来。因而可以说，这种根气作为人的毅力是促进人们干到底的法宝。另外，父母还可从以下几个方面入手：

（一）教育孩子从小立志

教育孩子从小立志，“伟大的目的产生伟大的毅力”“坚强的意志源于崇高的理想”。家长可用古今中外科学家献身科学的志向与坚忍不拔、终至成功的事迹去教育孩子。如，我国著名桥梁专家茅以升，一辈子献身于桥梁事业，与他从小受到的教育是分不开的。

南京秦淮河上有一座文德桥，有一年端午节游人为争看龙舟竞赛被挤塌了，许多人掉到了桥下，有些孩子淹死了。事后，家人就带茅以升观看倒塌的文德桥，茅以升小小的心灵受到很大的震撼，从那时起，他就立志要造坚固耐用的大桥，也由此增长了茅以升热爱科学、关心社会的崇高理想。

法国科学家居里夫人为了提炼新元素，花了二十多年时间，做了一千多次试验，仅实验废物就上千吨，最后终于炼出了镭；焦耳没有上过学，他的知识全靠自学获得，为了证明热是能的一种形式，使用种种方法，做了四百多种试验，历经了无数次的失败，最后终于获得了热功的大量数值；数学家阿基米德在罗马士兵沾满鲜血的利剑面前，临死还高喊："不要动我的几何图！"要让孩子懂得马克思的名言："在科学的道路上，没有平坦的大道，只有不畏劳苦，沿着崎岖山路攀登的人，才有希望到达光辉的顶点。"同时还要使孩子意识到个人的学习与社会进步的关系，从而使他们产生学习的社会责任感。为了贴近孩子的实际，还可以用同龄人的榜样来教育孩子，如某某孩子克服困难获得成功的事例，让孩子看得见、摸得着、可学习。

（二）鼓励孩子不断克服困难

人的意志不是天生的，是在生产、生活的实践中，通过不断克服困难发展起来的，困难是培养孩子毅力的磨刀石。孩子学习上的毅力，也是在具体的学习活动过程中通过克服困难形成的。

有家长说：我要求孩子一年级总分在班级进入前十名，二年级进入前八名，六年级时要进入全年级前十名，设立这样的目标，让孩子一步一步地去实现，这个过程就培养了孩子的毅力。这样的做法是不正确的，它有两个方面，一是这些目标是否切合孩子的实际，是否属于经过努力就能达到的，如果孩子不能达到这些目标，遇到的全是失败，毅力从何而来？二是考试的前几名，排第几位，受各种因素制约，本身就不是一个科学的目标。

正确的做法是，从具体问题入手，当孩子在学习上遇到困难时，不断地给予他意志与情感的鼓励，"我知道，这道题你一定能够解答出来""不要怕，只要继续努力，深入思考，就能答对这道题"，让孩子从亲身的意志行为中尝到快乐。家长还可根据孩子特点，有意地设置一些困难，如让他跳一跳摘果子，引导他尽力跳起，从而培养战胜困难的毅力。

（三）引导孩子体验成功感

培养孩子克服困难的毅力，与他们是否感受到战胜困难的成功感关系密切。孩子只有在不断克服困难获得成功的过程中，才能形成毅力。家长要以自身的经验，启发孩子多思考，教会一些行之有效的方法，帮助孩子克服学习上的困难。

必要时，降低学习的难度和要求，也不失为一种好方法。要知道，培养孩子的毅力，不只是针对成绩优异的孩子进行的，有的孩子学习有障碍，家长根据实际情况，适当降低要求，使其获得成功，再逐步提高，也能培养孩子战胜困难的毅力。

现代教育提出了终身学习的思想。社会在突飞猛进地发展，面对这样不断变化的世界，不能以掌握静止知识的多少来衡量自己的学习情况，关键在于会学习，不断地学习。家长要和学校、教师共同研究孩子的学习过程，培养非智力因素，帮助他们总结学习经验。“授之以鱼，不如授之以渔”。教会学习方法，要比学一点静止的知识重要得多。告诉他们学习是终身的事，活到老，学到老，把学习当作生活中不可缺少的一部分，并从学习中获得无穷的乐趣，做一个真正的现代人。

八、教孩子掌握科学的学习方法

诺贝尔物理学奖获得者丁肇中教授曾经说过：一个学生如果只会死啃书本，应付考试，那他所得的知识是极其有限的，很可能只是重复前人所掌握的东西。托尔斯泰也尖锐的指出：如果学生在学校里学习的结果是使自己什么也不会创造，那他的一生将永远是模仿和抄袭。

当孩子面对新的问题时，如果能和已有的知识建立起联系，会让解题过程变得更轻松。考试的真正目的，也正是为了让孩子自如运用已有的知识，来解决新的问题。然而，联系已有知识的关键在于一个字——活，如果用得过于死板，反而会起到不好的效果。

现代汉语的语法分析体系是从西方套用来的，这就是说我们使用着中国语言，而衡量这种语言的标准却是西方的。这套不合体的标准，却在语文课上被老师津津乐道。而实际上，我们更应该从整体上去把握中国语言，把握语言的整体特征，不能强要每个孩子都成为语言学家、逻辑学家。正是语法体系的错位，使得我们的语言审美也出现了问题。譬如《明湖居听书》中的一句："那双眼睛，如秋水，如寒星，如宝珠，如白水银里养着两丸黑水银。"我们一定会说这一句很美。然而，有孩子就模仿，写《我的同桌》："她的头发像黑色的瀑布，眼睛像夜明珠，鼻子像大理石，嘴像一条小船，脸像十五的月亮……"当所有这些比喻拼凑到一起时，就出现了一个极恐怖的形象，还不如直接说一句"我的同桌很美"来得实在。这就是刻板套用已有的知识，这种毛病还不止出现在文科中，理科一样存在着类似问题，例如用错了公式和定理。这种刻板的套用，归根结底，还是孩子对知识掌握得不够深入，仅仅凭借一些表面印象来运用，并没有真正地理解。

高钢把9岁的儿子带到美国，就像是把自己最心爱的东西交给了一个并不信任的人去保管，终日忧心忡忡。孩子可以在课堂上放声大笑，每天最少让孩子玩两个小时，下午不到三点就放学回家，最让父亲开眼的是根本没有教科书。一个学期过去，父亲把儿子叫到面前，问他美国学校给他最深的印象是什么？孩子笑着说了一句美式英语："自由！"这两个字像砖头一样，拍在老爸的脑门上。不知不觉一年过去了，儿子的英语长进不少，放学之后也不直接回家了，而是常去图书馆，不时就背回一大书包的书来。问他一次借这么多书干什么？他一边看着那些借来的书一边打着电脑，头也不抬地说："做作业。"

这叫作业吗？一看儿子打在计算机屏幕上的标题，父亲真有些哭笑不得——《中国的昨天和今天》，这样天大的题目，即便是博士，敢去写吗？于是乎严声厉色，问是谁的主意。儿子坦然相告："老师说美国是移民国家，让每个同学写一篇介绍自己祖先生活的国度的文章。要求概括这个国家的历史、地理、文化，分析它与美国的不同，说明自己的看法。”父亲听了，连叹息的力气也没有，真不知道让一个只有几岁的孩子去运作这样一个连成年人也未必能干的工程，会是一种什么结果？他只觉得，一个孩子如果被教育得不知天高地厚，以后恐怕是连吃饭的本事也没有了。

过了几天，儿子完成了这篇作业。没想到，打印出的竟是一本20多页的小册子。从九曲黄河到象形文字，从丝绸之路到五星红旗……热热闹闹。父亲没有赞扬，也没评判，因为自己也有点发懵，一是他看到儿子把这篇文章分出了章与节，二是在文章最后列出了参考书目。这是父亲本人在读研究生之后，才开始运用的写作方式，那时，他已经30岁了。

在这个例子中我们看到，一个不到10岁的孩子，就能处理大量资料，并进行分类整理、编纂成书。最初是对资料的搜集和筛选，然后是把选好的内容按照一定逻辑关系连接起来，最后再从文字上通一遍，配图、排版、打印。分章分节本身就体现出了逻辑的递进关系，而列出参考书目，则显示出了严谨的治学态度。在整个过程中，找资料并不难，难的是在各种资料之间建立联系，把散乱的点连缀成篇。有了这种能力，任何复杂的综合应用题就都能迎刃而解了。对家长来说，让你的孩子获得这样的能力，其实并不难。

（一）让孩子找联系

对于孩子学习上的难点，家长可以让他寻找各种关联内容，或者在内容上有一定的逻辑关系，或者在规律上有一定的相似之处。这样有助于孩子加强知识间的横向联结，提高综合应用的能力。

（二）让孩子独立制作知识结构网络图

家长可以让孩子把某一科目的知识，都用图表的形式联结起来，体现出相互之间的关系。这能让分散的知识在孩子的头脑中形成一个整体，尤其在自己动手总结的过程中，孩子可以更深入地理解。

（三）遇到难题时，引导孩子回忆相关知识

当孩子在难题面前“卡壳”，父母可以引导他回忆以前学过的相关知识，努力寻找相互的联系。可以把难题分为几部分，每部分都用相应的知识解决。这同时也是对旧知识的一次复习。

（四）让孩子系统介绍某一门科目

家长可以让孩子用自己的话，来介绍某一门科目的内容。为了尽量全面，孩子就不得不寻找相互之间的联系。而这种联系一旦建立，以后的学习就会事半功倍。

（五）用创造性的题目，锻炼孩子的综合能力

家长可以仿照前面提到的例子，出一些有创造性的题目，让孩子独

立完成一篇论文。题目要能尽量引起孩子的兴趣，也可以由孩子来选。你会发现你的孩子也能完成一份研究报告，而且里面会有他自己的体会和心得。

（六）引导孩子去认识和发现

要帮助孩子去构建知识体系，而不是复制知识。前人留给我们的知识，对孩子来说是未知的，家长要引导孩子自己去认识和发现，孩子自己在学习中发现问题至关重要，当孩子提出有价值的问题时，家长应该因势利导，让孩子知道什么样的问题有价值，这对培养孩子发现问题的兴趣，养成提出问题的习惯都有好处。

（七）培养孩子收集和处理信息的能力

收集和处理信息的能力是现代社会中生存和发展的基本能力，也是促进孩子自主性学习的途径之一。教科书和其他参考书是孩子获取信息的重要渠道，但不是唯一的. 在教育孩子的过程中，应加强指导，使孩子发展多方面获取信息的能力。

（八）学会反思和自我小结

在学习的一定阶段内孩子自己进行反思和自我小结，根据自己收集的材料编写自问自答、自解题等，是使孩子学会独立学习和整理信息的有效途径。

转变教育方式，构建旨在培养孩子创新意识和实践能力的学习方式，帮助孩子尽快步入自主性学习的轨道，是广大父母教育观念转变的迫切需求。

九、消除孩子的“恐学”症

在通常情况下，因为学校有许多玩耍的同伴，一个孩子会很乐意走进校园的，但是，现在流行起了一种“恐学症”，患者大多是一些6～10岁的孩子。这些孩子视学校为战场，宁可一个人待在家中，也不愿意到学校去，这可让许多家长伤透了脑筋。

有一位母亲曾讲述了这样一个故事：他有一个好儿子强强，是少先队大队长，品学兼优，学习成绩名列前茅，连年被评为“三好学生”。谁知好景不长，一切都消失得那么快。那是一个闷热的早晨，该是儿子起床上学的时间了，可是他却一反常态，仍蒙着头赖在被窝里不肯起来，对父母的关心无动于衷，只是说“别来烦我”。直到9点钟左右他才起床，还严肃地说：“不去读书了，一提到学校我就比死还难受。”后来，每当该去上学的时候，他总是紧张得面色发白，不是不断地跑厕所，就是呕吐或肚子痛去挂急诊。而每次检查结果都是正常，一到下午全部症状都自行消失。最后，心理医生给儿子诊断为“学校恐怖症”。这下，这位母亲可急坏了，什么病症都听说过，还惟独没有听说过这种病。于是带着孩子去找心理医生，医生给出了如下解释：

一位优秀学生，为什么会视学校如战场，感到如此紧张和恐惧呢？

引起的原因主要是过于认真、胆小、敏感，加上父母、老师或者本人过高的期望值，使之长期处于紧张状态。一旦某次学业失败，即成为导火线而出现学校恐怖症。强强长期以来一直稳坐全班第一名的宝座，学习上从未受过挫折。他的“学校恐怖症”的导火线又是什么呢？原来本次期中考试，排在第二名的同学的成绩总分比儿子只少半分，为此他极度紧张，感到自己的第一名摇摇欲坠，从而显得心神不宁，无心听课、做作业，学习成绩一落千丈。他觉的末日来临，于是多次自寻短见，每次都在千钧一发之间，想到父母对他的期望而犹豫起来，最后干脆当逃兵，不肯去学校了。

由此可见，恐学症与家庭教育及学校教育有着密切的关系。那么家长应该如何面对自己的孩子，才能让他们正常融入到学习中，而不会产生类似的恐学症呢？心理学家给出了如下几种参考方法。

（一）父母应该和孩子进行诚恳沟通

发现孩子在学习中遇到问题时，父母要及时与孩子沟通。交谈时，父母应该对孩子抱着真诚关心和宽容体谅的态度，理解孩子在学习上遇到困难或挫折是难免的。同时，父母还可以谈自己过去学习成功或失败的经验教训，给孩子以必要的信心和勇气。在此基础上，再从以下几个方面了解孩子的情况：

1. 在学习上是否尽了全力？

2. 孩子是否认为自己无法搞好学习？

3. 孩子需要什么帮助吗？

4. 应向孩子的老师、同学、或朋友了解孩子学习上的问题所在。

5. 孩子上课是否用心？

6. 孩子平时喜欢与哪些人在一起玩？有没有受到什么消极影响？

7. 孩子的特长是什么？兴趣是什么？能否根据孩子的兴趣和特长采取一些特别的措施，让孩子恢复自信，培养其成功感？

当孩子遇到困难时父母要关心他、支持他，鼓励他坚持不懈、顽强奋斗。同时，要鼓励孩子养成独立学习、不依赖他人的良好习惯，不要总是干预、指导、帮助。同时，要鼓励孩子提出切合实际的目标，一步步地争取，不要奢望一步登天。

（二）要有正确的奖惩标准

有的家长许诺孩子，如果考试得了多少分或得了第几名就给什么奖励，如果考不好就给什么惩罚。其实，这并不能促使孩子好好学习，因为他们不是在孩子好好学习的时候给孩子以表扬，而这强化的不是学习而是孩子只想得好分数的想法。这种激励方法，可能会使孩子过于追求表面的分数，采取投机取巧、作弊、欺骗等手段。

（三）要有正确的分数观

很多家长只看重孩子得了多少分，不管考试难度如何。其实，考试难度对分数影响很大，如果家长不能正确地看孩子的相对分数，就会引导孩子也不能正确而全面地看待自己的相对分数，坐井观天，只看绝对分数或只看自己在班上的名次，不利于孩子自我认识能力的发展。家长对考试分数的种种不合理态度，对孩子心理的健康发展影响很大。因此，要摆正考试分数的位置，考试分数固然很重要，但它毕竟是表面的东西，它只是衡量学习成绩的标准之一，而不是全部。要把掌握知识、发展能力作为孩子的学习目标。我们应把培养孩子具有合理的知识结构、能力结构、科学的学习方法及发展孩子的全面素质摆在比考试分数更重要的位置上。

家长应从培养孩子的学习兴趣、学习习惯，改进孩子的学习方法、提高孩子的学习能力等方面着手，来提高孩子的学习成绩。应在孩子掌握并使用正确的学习方法时多加以表扬，不应该在孩子得好分数时过多地奖励表扬，而在孩子考的不好时又过分指责打击。

（四）要有正确的成败观

要正确地对待孩子考试的成功与失败。孩子学习、考试遇到挫折和失败的时候，帮助孩子寻找失败的原因，改进学习方法，给孩子以鼓励，帮助孩子尽快地摆脱低落的情绪，争取下次取得好成绩。如果孩子考试一直比较顺利，要在适当的时候有意地给他制造一些困境，让他经历挫折和失败，并引导他们培养应对挫折和失败的能力。如果孩子经常遭受考试的失败，应该多给他们鼓励，要帮助他修正学习目标，并帮助他分析失败的原因，让他体验成功，体验到正确的学习方法带来的良好效果，增加学习的自信心。

如今，“恐学”是一种很普遍的现象，造成这种现象的直接原因就是家长与学校错误的分数观、成败观。所以，在面对孩子的一些学习问题时，应该学会给孩子创造一种更宽松的环境，让他自由发挥，在培养孩子正确的学习方法的同时，也要注重转变自己和孩子各种错误的学习观念。

（五）给孩子自由支配的时间

一个具有健康人格的人是自由的人，而自由主要体现在这个人能够自由、有选择地支配自己的行为。这种自由感不是凭空产生的，其中，很大一部分来自童年时期对自由支配时间的体验。但遗憾的是，现在城市独生子女每日可自由支配的时间平均只有 68 分钟。这说明家长没有给孩子足够的可自由利用的时间。相反，家长却用功课和其他有关学习的活动占满了孩子的时间。

自由支配时间，还意味着孩子具有了热情的实现自我、用创造性的方法表达自我的机会。剥夺孩子的自由支配时间，实际上是在剥夺孩子成长和发展的机会。对城市独生子女的调查表明，有更多自由支配时间的孩子，自信心更强，并且比自由时间较少的孩子有更强的成功需要。因此，父母们应转变观念，帮助孩子有效地利用时间，发现生活乐趣，展示自己的才华，让孩子成长为具有健康人格的人。

怎样给孩子自由支配的时间，让孩子享受自由的乐趣?

1. 每天给孩子留出可支配的时间。一些父母总怕孩子的时间空下来，当孩子写完作业以后，马上给他安排了画画，刚画完画，又安排了学外语，外语学完了还有钢琴。这样做的结果，是使孩子没有了自己的意志和想法，几乎成了一个机器人，在大人的紧张安排下失去了自我，以至于越来越懒散、麻木和消极。

2. 学习时间和玩乐时间要分开。有的父母总是埋怨孩子写作业太磨蹭，边写边玩，却不知道这些坏习惯可能正是自己给孩子养成的。因为父母经常无限地给孩子加压，使孩子没有玩的时间，复习了这科又复习那科，都复习完了以后还要做些高难的题目，这样做不仅使孩子对所学的科目厌烦，而且容易使孩子养成磨蹭的坏习惯。

孩子没有自己可支配的时间，只好采取迂回的办法，以争取玩耍的时间。

3. 不能让自由成为一匹脱缰的野马。自由是需要的，每一个人都需要自由，每一个孩子也需要自由，没有自由就不可能有创新，就不可能有民主，就不可能有身心充分的发展。但是自由不是无边无际的，自由是要受到一些制约的。父母有责任告诉孩子有些事情是危险的，规则是要遵守的。

给孩子自由，但不能够让孩子随意地滑向一个方向，一定要给他立下警示标，此路不通，这个办法不行，必须要怎么样。因为任何自由都应该和责任相对应，责任、权利统一，有自由就有义务，有义务你就享有自由，所以希望每个家庭都要给孩子确立一些规则。

放飞心灵，关注孩子的心理健康

一个人的心理并非一朝一夕形成的，需要从小注重培养，作为家长不仅要关注孩子的体格发育、营养状况、身体疾病和智力水平等，而且要重视儿童的心理发育及心理健康。

儿童心理问题主要表现在三个方面，一是情绪表现：恐惧、焦虑、不愿上学、容易生气、有敌意等。二是行为表现：离群独处、不与同年龄小朋友一起玩、沉默少语、少动、精神不集中或过分活跃、有暴力倾向等行为。三是生理表现：头部或腹部疼痛、恶心、呕吐、厌食或贪食、早醒、入睡困难、耳鸣、尿频甚至全身不适，而身体检查及实验室检查又没有躯体疾病。

解决儿童心理问题重点应在家庭的日常生活当中，把“学会认知、学会共同生活、学会做事、学会生存”作为对孩子的终身教育目标，持之以恒，让孩子在生理、心理等方面健康成长。

一、影响孩子心理健康的因素

儿童时期是人生发展的重要时期，个性和很多心理品质都是在这个时期形成的，心理学把这一时期定义为人生发展的关键期。

然而，不少来自幼儿园的调查显示，很多孩子已表现出自私、自负、任性、脾气暴躁、感情脆弱、独立性及社会交往能力差等不良个性特征，这些可能成为他们产生心理问题的隐患。家庭是孩子心理发展的最重要、最基础的环境，它对孩子的心理健康的影响既表现在生物性的遗传影响上，又表现在家长的情感态度、个性、价值取向及心理品德对孩子的影响上。下面是影响孩子心理健康的主要家庭因素：

（一）教养方式不当

在有的家长看来，家长的任务是让孩子吃好、穿好、不生病。家长对孩子的衣食及身体保健舍得投资，却忽视了孩子的心理健康。现代家庭中，存在重视健康知识灌输、轻视行为习惯培养，重视饮食营养摄入、轻视情感需要的满足等问题。例如孩子在家中谈论在幼儿园的开心事或问一些问题，家长嫌烦，不理睬，孩子感受不到情绪上的快乐和满足，长久下去自然会冷淡。

（二）家庭教育中父母榜样的作用

家长总是希望孩子改掉坏毛病，一旦发现孩子的问题，都免不了一通数落甚至责打。然而，家长却没有意识到自己的言行已经在孩子身上起到了潜移默化的作用。例如，家长的性格很随意，对发生的事情不介意，得过且过，他想要求孩子事事严谨就很难。另外，离异家庭对孩子的心理影响也是非常大的，孩子看见了准备离婚的父母之间的战争，感到很害怕，会变得非常胆小。也有孩子为避免受欺负而主动出击，打骂同学。所以，孩子身上发现的心理问题，家长首先要分析一下自己是否也有行为不当之处。

（三）家长的教育观点不一样

有不少家长在心理咨询中反映孩子有说谎的毛病。说谎的原因很多，比如学龄前孩子分不清现实和想象，家长把孩子说出来的想象误以为是说谎，这实际是孩子趋利避害的本能，但也有需要家长检讨的地方。例如，如果孩子在幼儿园出现问题，幼儿园教师找家长，父亲回家批评一下，让下次改正就可以，找母亲的话，孩子回家就免不了要受皮肉之苦，孩子又总结出来可以从父亲那里得到好处，久而久之，孩子在父亲和母亲面前说不一样的话，在老师面前和在家长面前也说不一样的话，说谎的坏习惯就养成了。

（四）以成人的视角看问题

有些事情对于孩子来讲是好事或无所谓的事，而有些家长看待这些事的角度却有问题。例如看到老师让孩子在幼儿园捡树叶而自己聊天，家长认为这样的老师自己不参与，孩子也不用干。家长从成人的角度认为这是对孩子不公平，而孩子自己认为这是集体活动，很有趣。这样家长的观点和孩子的感受完全相反，反而让孩子无所适从，或者长大以后就学会在人际交往中斤斤计较、偷懒耍滑。

（五）祖辈与保姆代养的问题

在一般情况下，父母忙于工作无法全身心照顾孩子，必然会请老人或保姆帮忙照看孩子。一方面祖辈和保姆的知识水平通常较父母要低，他们的主要任务是看管孩子而不是教育孩子，所以他们给孩子心理成长上的帮助远不如父母；另一方面祖辈和保姆为避免孩子受伤，总是限制孩子的活动，或吓唬孩子有危险，这也使孩子的生理、心理发展受到影响，比如运动能力差、不敢尝试新事物、胆小懦弱、夸大危险等。

针对以上情况，我们给出以下对策与建议：

1. 要不断给孩子以积极的评价，并且要及时地表扬。为每一个微小的进步表扬，这样坚持做下去才能使孩子渐渐恢复自信心，逐渐做得更好。

2. 要注意改变家长自己的形象。如果你不满意孩子的某些特点，检查一下自己是否也有类似的表现，如果有，要鼓励孩子和自己一起改正。

3. 要给孩子的进步留有余地。给孩子提出的要求应该是孩子经过努力能够做到的，否则会挫伤孩子的积极性和自尊心。

4. 积极调整家长自己的心态。尽可能看到事物好的一面，与同事交往、对社会的态度都尽可能从善意的角度来理解和评价，这样才能在内心产生宽容的心态，对自己孩子的评价才能是积极向上的。

5. 为孩子创设良好的家庭环境，营造和谐的家庭氛围。让孩子参与家务，充分发挥合作的功能；让孩子在家中享有民主平等的地位，加强与孩子的交流。

6. 加强与教师的联系，及与孩子同伴家长的交往，及时了解孩子的状况。

7. 家长必须掌握孩子身心健康的基本知识。如碰到自己解决不了的有关孩子的心理困扰、心理障碍时要及时找专家咨询。

二、培养孩子开朗乐观的性格

关于乐观，法国作家阿兰在论述把快乐的智慧用于和烦恼做各种各样斗争时说："烦恼是我们患的一种精神上的近视症，应该向远处看并保持积极乐观的心态，这样我们的脚步就会更加坚定，内心也就更加泰然。"

如果这会儿下雨了，就要引导女儿说"下雨了"，而不要说"该死的天，又下雨了"。因为这样说并不能改变下雨的事实。当然，就算说"太好了，又下雨了"，也不能使雨天发生任何改变，可是如果把这种话说给孩子听，情况就大不一样！"瞧，太好了，又下雨了！小鸟在歌唱，小草也在歌唱，它们都得到了雨的滋润。”这样就会把快乐传递给孩子，让他无论面对何种环境，都能保持一种愉悦的心情。

一位外国大提琴家的童年故事可以说就是一个绝好的例证。有一天，他拖着比自己身体还高的大提琴，在走廊里迈着轻快的步伐，心情显然好极了。一位长者问道：“孩子，你这么高兴，是不是刚拉完大提琴?”他的脚步并没有停下，“不，我正要去拉。”这个 7 岁的孩子懂得一个许多大人不懂的道理：音乐是一种愉快的享受，而不是我们不得不做的、必须忍受的工作。

乐观是“一种性格倾向，使人能看到事情比较有利的一面，期待更有利的结果”。也许有些孩子天生就比较乐观，有些孩子则相反。但心理学家发现乐观思想是可以培养的，即使孩子天生不具备乐观品质，也可以通过后天的努力来实现。

（一）勿对孩子控制过严

作为家长，当然不能对孩子不加管教、听之任之，但是控制过严又可能压制儿童天真烂漫的童心，对孩子的心理健康产生消极作用。不妨让孩子在不同的年龄阶段拥有不同的选择权。只有从小就能享受选择权的孩子，才能感到真正意义上的快乐和自在。

（二）对孩子不要感情冷淡

从小无感情体验和感情依恋的孩子长大后不会对他人施以爱和同

情，他们将养成冷漠无情的性格，很少体验快乐，难以与人相处，当然也就不会具有乐观精神。因此不论父母的工作有多繁忙，都要尽量抽出时间来陪陪孩子，让孩子感受到父母的爱。

（三）鼓励孩子多交朋友

不善交际的孩子大多性格抑郁，因为时时可能遭受孤独的煎熬，享受不到友情的温暖。不妨鼓励孩子多交朋友，特别是同龄朋友。本身性格内向、抑郁的孩子更适宜多交一些开朗乐观的朋友。

（四）在有意义的活动中感受快乐

快乐最重要的来源是成就或创造了成果或完成了有意义的活动。快乐随着完成某种成就的努力而产生，例如孩子蹒跚着从远处走到母亲面前，他体验着的是真正的快乐，因为他做完了一件事情，他得到了成果。在成功中，孩子得到快乐的同时，也体验到了力量和信心，有助于自我的肯定。

（五）教会孩子与人融洽相处

和他人融洽相处者的内心世界较为光明美好。父母不妨带孩子接触不同年龄、性别、性格、职业和社会地位的人，让他们学会和不同类型的人融洽相处。当然，孩子首先得学会跟父母和兄弟姐妹以及亲戚融洽相处。此外，家长自己应与他人相处融洽，做到热情、真诚待人，不在背后随意议论别人，给孩子树立一个好榜样。

（六）物质生活避免奢华

物质生活的奢华容易使孩子产生一种贪得无厌的心理，而对物质的追求往往又难以获得自我满足，这就是为何贪婪者大多并不快乐的根本原因。相反，那些过着简单生活的孩子，往往只要得到一件玩具，就会玩得十分高兴。

（七）让孩子爱好广泛

一个孩子如果仅有一种爱好，就很难保持长久的快乐感觉。试想：只爱看电视的孩子一旦发现晚上没有合适的节目时，心头必然会郁郁寡欢。相反，如果孩子在看不成电视时爱读书、看报或做游戏，同样可乐在其中。

（八）保有一颗平常心

乐观的人可以坦然地面对一切，成功和失败，痛苦与幸福。现在的孩子多是在温室中长大的，经历的风雨不多，意识不到艰难的存在，更别说懂得怎么去面对了。

让孩子接触各类事物，接触的事情多了，见多识广，心胸自然就开阔，悲观思想便不容易产生了。用平静的心态去对待，并不是消极地面对世界。要让孩子积极参加各种活动，开始时，可以暗示孩子主动提问、主动要求、主动学习。当孩子主动行动了，父母要用表扬、奖励等方法强化孩子的自主观念。

（九）引导孩子学会摆脱困境

即便是天性乐观的人也不可能事事称心如意，不可能“永远快乐”。父母最好在孩子很小的时候就注意培养他们应对困境、逆境的能力。要是孩子一时还无法摆脱困境，可以教育孩子学会忍耐，或在逆境降临时寻求其他的精神寄托，如参加运动、游戏、聊天等。

（十）拥有适度的自信

拥有自信与快乐性格的形成息息相关。对一个因智力或能力有限而充满自卑的孩子，家长务必发现其长处并适当地多作表扬和鼓励。来自家长和亲友的正面肯定无疑有助于孩子克服自卑、树立自信。

（十一）创建快乐的家庭气氛

家庭的气氛、家庭成员之间的关系，在很大程度上会影响孩子性格的形成。研究表明，孩子在牙牙学语之前就能感觉到周围的情绪和氛围，尽管当时他还不能用语言来表达。可以想到，一个充满了敌意甚至暴力的家庭，绝对培养不出开朗乐观的孩子。

三、引导孩子树立正确的竞争意识

基诺向来争强好胜，赢了得意洋洋，输了大发脾气。上大班后，他更爱事事占上风，总爱跟同伴比，从球踢得多远，到家里有多少玩具，都要胜人一筹。昨天他竟然得意地说："我换牙了，科林没有。"弄得爸爸妈妈哭笑不得。

让基诺父母感到矛盾的是，处处争强好胜固然不好，但在充满竞争的社会大环境中，孩子将来必然要为进入好的学校、参加各类竞赛活动而和同伴展开竞争，如果淡化孩子争强好胜的意识，会不会影响他将来在这个竞争社会中生存？正是父母内心的这种矛盾，使他们也无法给孩子明确的教导。他们既想让儿子感觉轻松，体会到童年快乐，不必因为自己不是最棒的而焦虑，又想让儿子在竞争中通过努力而获得成功。基诺的父母无法判断，孩子应该具备怎样的竞争意识。

（一）培养孩子正确的竞争意识

竞争意识与自我意识紧密相联，清晰的自我意识是在与他人的比较之下才显现出来的。幼儿期是孩子自我意识发展的关键期，为了发展自我的个人心理，需要拥有与别人区分开的、独特的、私有的经验，从而显示出自己的独立人格。为了在不同对象面前表现自己，孩子需要了解自己的言行将会如何影响自己在别人眼里的形象。竞争意识的萌芽，正是孩子自我意识发展的重要表现，家长应及时予以支持和正确引导。

（二）培养和发展孩子的个性

有些孩子需要竞争的刺激才能把潜能充分发挥出来，如果把握正确，竞争意识可以成为孩子尽力把事情做好的动力。心理学研究表明，个性与竞争能力紧密联系，具有良好个性的孩子，对待竞争问题会更理智、更积极。家长要从孩子本身的性格特点和兴趣特长出发，培养孩子完善的人格，使其具备更强的竞争能力。

除了个性原因外，特别注重自我意识、忽略别人感受的孩子，往往不会和别人相处。他需要知道：如果他为了争第一，而令别人不开心，就可能失去别人的友谊。家长要让孩子明白：永远不要只着眼于和别人争高下，而应该向自己的能力极限挑战。

（三）端正孩子竞争的心态

如果家长对孩子竞争欲望过强感到忧虑，应该先帮孩子端正心态，要让孩子明白竞争是展示自身实力的机会，是件美好的事，要用从容的心态看待超越和被超越，不应充满妒忌和愤懑。而参与竞争的意义之一，就是学会有风度地接受失败，并且诚心实意地祝福对手。告诉孩子，在竞争中得到胜利固然值得骄傲，但和同伴之间的团结协作的精神，也是现代生活中不可或缺的品质。

（四）鼓励孩子相信自己

鼓励孩子勇于表达自己的内心感受，用自己的价值观判断是非，相信自己有能力去实现所追求的目标，而不是只能通过竞争来体现自我价值。要让孩子明白，自己在尽了最大努力之后，要做一个继续努力的赢家或是毫不气馁的输家，而不是过分注重竞争本身。

（五）帮助孩子提高能力

通常嫉妒等不正常心理会普遍地出现在有一定能力的孩子身上，孩子往往因为已有能力，但没有受到注意和表扬，因而对那个受到注意和表扬的小朋友产生嫉妒。所以在纠正这种心理的同时还必须对孩子进行谦逊美德的教育，让孩子懂得“谦虚使人进步，骄傲使人落后”的道理。让孩子明白即使别人没有称赞自己，自己的优点仍然存在。如果继续保持自己的长处，又虚心学习别人的长处，自己的才干就会更强，就会真正地、长久地得到大多数人的喜爱。

（六）帮助孩子克服自私心理

过度争强好胜的心理是个人心理结构中“我”的位置过于膨胀的具体表现。总怕别人比自己强，对自己不利。因此，要根除这种心理，首先要根除这种心态的“营养基”——自私。只有驱除私心杂念、拓宽自己的心胸，才能正确地看待别人，悦纳自己，即常说的“心底无私天地宽”。

除此之外，父母还可以让孩子充实自己的生活。因为如果孩子学习、生活的节奏很紧张，生活过得很充实、很有意义，孩子就不会把注意力局限在别人身上。父母应该帮助孩子充实生活，让孩子多参加一些有意义的活动，转移孩子的注意力，使孩子把精力放在学习和其他有意义的事情上。

四、化解孩子的焦躁情绪

艾美一直是个懂事听话的孩子，但自从上学后，她却像变了个人似的，反常地任性起来，情绪经常紧张焦躁，甚至学会和妈妈顶嘴了。妈妈十分担心，于是来到艾美的学校咨询。老师安慰她说，孩子在成长产生飞跃或环境发生变化的阶段，出现情绪焦躁等一系列行为完全在意料之中，因为他们正在进行着自身与外界的磨合和调节。老师建议艾美妈妈对她的反常行为尽量不予计较，要继续保持冷静、给予关爱。

（一）情绪焦躁的根源

情绪问题常常与以下因素密切相关：来自社交场合和周围环境的压力、学习的紧张、荷尔蒙分泌的增多、身体发育的变化、对更大自由权的渴望、讨人喜爱的强烈愿望和对在同龄群体中树立地位的期盼等。当孩子的心理诉求和外界环境产生矛盾时，就会感到焦虑。

现在的孩子承受着越来越大的压力，接受着越来越高的要求，这都很容易导致孩子产生不良的情绪和行为，在孩子自我释放和调节的过程中，难免将其转移到家长身上，必然对家长的耐性是莫大的挑战。

（二）正确的应对态度

首先是要体谅孩子，要做到不被孩子的糟糕情绪所触怒，提醒自己：孩子并不是有意让你生气的。其次是弄清真相，了解和分析孩子表现出的糟糕情绪。比如询问："你好像有些焦躁，发生了什么事吗？"特别是当孩子较小，还不能很好地自我消化不良心理情绪时，更要鼓励孩子把事情讲出来。但如果孩子年龄较大，家长要意识到孩子可能愿意保留隐私，这时可以说："你可以先不讲，但当你决定讲出来时，我随时都会乐意倾听。"最后是对孩子给予更多的关注，当孩子心情糟糕的时候，为了避免硬碰硬，家长很多时候会选择避开孩子。其实，这反而是孩子最需要爱护和理解的时候，应该尽量陪他一起度过生活中的困难时期。

（三）如何为孩子提供帮助

1. 让孩子拥有自己的时间。许多父母让孩子学乐器、学外语及电脑等，大量占用了孩子的课余时间，常使孩子感到压力过大，精神紧张。其实，父母应合理安排孩子的课余生活，保证孩子有充足的时间独处，做自己喜爱的游戏，父母不要去干预。

2. 对孩子的意见予以鼓励。从身体和智力发育上来说，孩子大约在7岁左右会开始出现一个质的飞跃。由于内因和外因的相互作用，孩子开始发展抽象和逻辑思维能力，有了自己的思想。由于世界向他敞开了更宽广的一扇门，孩子不再认为爸爸妈妈是绝对正确的，当家长的意见越来越多地受到挑战时，说明孩子正在充分发育和成长，千万不要予以压制和打击，最好是通过鼓励和讨论的方式，帮助他学习正确的思考和表达方式。

3. 鼓励孩子表达自己的愤怒。没有化解的愤怒是压力潜在的根源。父母要鼓励孩子诉说生气的原因，并让他感觉到你无时无刻不在关心他。

4. 让孩子参加体育锻炼。体育锻炼有利于减轻心理压力，消除紧张情绪。不少孩子通过踢球、骑车、游泳等活动，不仅消除了紧张焦躁的情绪，还锻炼了在遇到突发事件时保持镇静的能力。

5. 根据具体情况来对待孩子的“无礼”。当孩子故意表现出无礼、叛逆等不良行为时，家长要认真考虑一下，这些行为究竟在哪些方面越过了底线？反映出何种心理诉求？如果只是偶然才出现顶嘴叛逆的话，家长则不必过于敏感，适当的叛逆行为对孩子来说可以缓和情绪的波动。然而，如果这种无礼的行为继续下去，那么就有必要对孩子进行教育，对孩子说明为什么这种行为会使人感到厌烦，并且共同制定一些更为严格的规章制度。

6. 教会孩子一些放松的技巧。如深呼吸、慢跑、打一场球、睡觉、洗热水澡等，对缓解紧张压力、促使精神松弛都有一定的作用。

7. 创造欢乐的家庭气氛。如果孩子出现紧张焦躁情绪，一味地讲道理意义不大，而有趣的玩笑或幽默的语言却会收到很好的效果。

8. 注意孩子情绪波动的爆发模式。大部分情况下，孩子的焦躁情绪都是短暂的，但如果这种情绪持续的时间较长并且经常出现，家长则要考虑寻求专家的帮助。同时还要注意以下情况：孩子的吃饭和睡觉情况是否有所变化、是否有不想去上学或不想去朋友家串门的情况、是否表现出精力不集中或功课落后的情况等。这些都是焦虑情绪的征兆，应该及时给予重视，寻求解决的办法。

9. 让孩子接受音乐的熏陶。常在家中播放一些轻松舒缓的音乐，对缓解孩子的焦躁情绪有一定的帮助。

10. 提供安静的休息环境。干净整洁的房间有助于孩子进入梦乡。应避免孩子在睡觉前看恐怖影视节目或听易使人精神紧张的故事等。

五、发现并防止孩子的自卑心理

自卑是一种性格缺陷，而一个人的自卑性格的形成往往源于儿童时代。自卑对孩子的心理健康无疑会产生负面影响。

（一）儿童自卑的早期征兆

心理专家指出：家长需关注自己的孩子有没有自卑心理，一旦发现，应尽早帮助克服和纠正，以避免随年龄的增长最终形成自卑性格。自卑儿童往往会表现出如下早期征兆：

1. 常年情绪低落。如果孩子常常无缘无故地郁郁寡欢，那很可能就是自卑心理使然。

2. 过度害羞。害羞过度（包括从来不敢面对小朋友唱歌，从来不愿抛头露面，从来不敢接触生人等），则可能内心深处隐含强烈的自卑情绪。

3. 拒绝交朋友。一般来说，正常儿童都喜欢与同龄人交往，并十分看重友谊，但是具有自卑心理的孩子绝大多数对交朋友或兴趣索然，或视为“洪水猛兽”。

4. 难以集中注意力。自卑感强的儿童在学习或做游戏时往往难以集中注意力，或只能短时间地集中注意力，这是因为“挥之不去”的自卑心理在作祟。

5. 经常疑神疑鬼。自卑儿童对家长、教师、小伙伴的评论往往十分敏感，特别是对别人的批评，更是感到难以接受，甚至耿耿于怀。长此下去，他们还可能发展到“疑神疑鬼”的地步，总无中生有地怀疑他人不喜欢或者怪自己。

6. 过分追求表扬。自卑儿童尽管自感“低人一等”，但往往又会反常地比正常孩子更追求家长和教师的表扬，而且可能采用不诚实、不适当的方式，如弄虚作假、考试作弊等。

7. 贬低、妒嫉他人。自卑儿童的另一个不正常反应是：常常贬低、妒嫉他人，如可能因为邻桌受到老师表扬而咬牙切齿甚至夜不能寐。心理学家认为，这是他们为减轻自身因自卑产生心理压力而设计的宣泄情绪渠道，尽管这往往并不奏效。

8. 自暴自弃。自卑儿童往往会表现为自暴自弃、不求上进，认为反正自己不行，努力也是白费力气。更有甚者，还可能表现出自虐行为，如故意在大街上乱窜，深夜独自外出，生病拒绝求医服药等，似乎刻意让自己处在险境或困境之中。要是遭到家长指责，便以“反正我低人一等”作辩解。

9. 回避竞争、竞赛。虽然有的自卑儿童十分渴望在诸如考试、体育比赛或文娱竞赛中出人头地，但又无一例外地对自己的能力缺乏必要的自信心，因而断定自己绝不可能获胜。由此，绝大多数自卑儿童都是尽量回避参与任何竞赛，有的虽然在他人的鼓励下勉强报名参赛，但往往在正式参赛时又会临阵逃脱，甘当“逃兵”。

10. 语言表达较差。据专家所作的统计，占 8 成以上的自卑儿童的语言表达较差。他们或表现为口吃，或表述不连贯，或表达时缺乏情感，或词汇贫乏等。专家们认为，这是因为强烈的自卑感极有可能阻碍了大脑中语言学习系统的正常工作。

11. 对挫折或疾病难以承受。自卑儿童大多不能像正常儿童那样承受挫折、疾病等消极因素带来的压力，遇到小失败或小疾病便“痛不欲生”，有时甚至对诸如搬迁、亲人过世、父母患病等意外都感到难以适从。

（二）消除自卑的方法

父母应多给孩子讲：许多人都有着自己的缺陷，都会产生自卑感，关键要能够克服自卑感。亚里士多德、伊索、拿破仑、达尔文都有口吃病，亚历山大、莫扎特、贝多芬、拜伦都因身体佝偻、口吃、身材矮小、耳聋等原因而产生过自卑感，但他们并不因此而灰心，也没有因此而丧失生活的勇气。他们坚定了成就大业的信心，结果都取得了成功。当孩子了解到这些名人的故事后，就会慢慢树立自己的信心，增强进取的勇气。

要孩子克服自卑感，父母自己要有自信心，并把自信心传给孩子。父母要多教育孩子，让孩子知道任何人都有自己的优点和缺点，不管是身体方面还是其他方面，都是这样。

1. 鼓励学习，增强自信

有位母亲第一次参加家长会。幼儿园的老师说：“你的孩子有多动症，在板凳上3分钟都坐不了。”回家的路上儿子问老师说了什么，她鼻子一酸，差一点落泪。“老师表扬了你，说宝宝原来在板凳上坐不了

1分钟，现在能够坐3分钟了。别的家长特别羡慕妈妈，因为全班只有宝宝进步了。”那天晚上，儿子破天荒地吃了两碗米饭。第二次家长会，老师说：“全班50名同学，这次你儿子数学排49名，我怀疑他有智力问题，最好带他到医院看一下。”

回家的路上，她哭了。回到家里，看到惶恐的儿子时，她振作精神：“老师对你充满信心，你并不是一个笨孩子，只要你能够细心些，会超过你的同桌。”说这些话时，她发现儿子暗淡的眼神一下子亮了。第二天上学，儿子比平时起得都早。孩子上了初中，又一次家长会，老师告诉她：“按你儿子的成绩，考重点中学有点危险。”她还是告诉儿子：“班主任对你非常满意，只要你努力，很有希望考上重点中学。”

高中毕业，儿子把清华大学招生办的通知书送给了妈妈。边哭边说：“妈妈，我一直都知道我不是个聪明的孩子，是您……”

这时，她再也按捺不住十几年聚集在内心的泪水。

小孩的特点是好奇、幼稚、缺乏自信。他们对每一点小小的进步都非常在乎，渴望得到大人的肯定。父母和教师要鼓励孩子学习，真诚地赞扬他们所取得的微小成绩，使他们切实认识到“我能学好!”从而增强自信心。

2. 发挥特长，促进自信

孩子们的智力发展是不均衡的，每个人都有自己的个性特色。父母要了解孩子，激发他的优势。小田学习成绩不拔尖，但他天生一副好嗓子，朗读起课文来声情并茂，父母和家长充分发挥他的特长，让他担任学校广播站的播音员，他不仅发挥了特长，成绩也提高了很多，从而促进了自信心。

3. 多让发言，培养自信

要重视孩子的语言发展，贫乏的语言环境妨碍学业的进步。要尊重儿童的意见和感情，创设安全的气氛，让孩子畅所欲言，要鼓励孩子在课堂上积极发言，以培养他们的自信心。不要错误地认为不声不响埋头学习就是好孩子。

4. 指导实践，提高自信

要鼓励孩子参加各种实践活动。无论是学科学习还是非学科学习，要指导孩子自己动脑筋解决问题，常使他们体验到成功的喜悦，那么，孩子的自信心就会得到提高。

高度的自信和自由奔放的创造性是密切相关的。研究表明，只有具有自由创造才能的儿童，充满自信，沉着镇静，善于独立思考，才能够聚精会神，专注于个人的学业，使学习效率不断提高。

六、让孩子大胆地说出心里话

孩子有了心里话会对谁说，父母、老师能否真正倾听孩子的心里话？一项针对儿童的调查表明，在他们烦闷或苦恼时，在倾诉对象选择上，父母强于老师，也就是说他们更倾向于向自己的父母说出心里话，然而现实中父母却很难担当这一角色。

许多父母，遇到孩子叛逆的态度时，大都会摇头大吐苦水：孩子到底在想些什么？他为什么都不肯告诉我？由此可见，打开孩子心扉，探一探孩子的内心世界，是为人父母者必修的课题。

耐心地倾听孩子的诉说，让孩子体会到关爱和温馨，从而对父母更加亲近和尊敬。这有利于孩子把自己的想法告诉父母，有利于父母对他们进行目标明确的指导。

许多父母虽与孩子朝夕相处，却对他们并不了解。不了解孩子的想法，就很难有效地引导孩子成长为自己所希望的人。父母可以通过培养与孩子共同的爱好来达到沟通与交流的目的，如与孩子下棋、听音乐、看球赛、游泳等。

平时下班要经常与孩子谈天说地，以培养情趣，共享欢乐。父母得亲近孩子，取得他的信任，他才能倾诉自己的想法，这是自然而然的。只有被孩子认为是最亲近的人，孩子才愿意毫无顾忌地向其敞开胸怀交谈。

要取得孩子的信任，一定要以信任的态度对待他。平时与孩子相处的时候，应当轻松愉快，和孩子进行朋友式的谈心和游乐，也可以打闹和开玩笑，让家庭充满幽默和情趣。此外与孩子说话时，父母应当以信任亲切的目光看着他，让孩子说话时看着父母。因为目光的接触本身就是一种交流。

有一个6岁的孩子，刚从奶奶家回到父母身边，有一天，母亲炒了一盘鸡蛋，端到桌子上，接着进厨房继续炒别的菜，等母亲再次来到桌旁时，孩子已把鸡蛋吃得精光。但妈妈并未责骂他，只对他说："父母都还没有吃，你怎么可以一个人把鸡蛋都吃光了呢?"孩子不吭声，却在一旁悄悄掉眼泪。

母亲问："你这孩子怎么这样，我又没训斥你，你还哭?"

经询问才知道，他在奶奶家里时，吃得越多，奶奶越高兴，多吃点儿，奶奶还表扬呢，从没有告诉过他，别人没吃的时候，自己不能都吃完。母亲耐心的给孩子讲明道理后，孩子从此便知道了做事还要为他人着想。

父母若一味责怪而不与孩子交流，只能让孩子徒受委屈而又得不到教育。孩子毕竟是孩子，他们考虑事情，都是十分单纯、幼稚的，这时父母切不可妄下结论，轻视或嘲笑他，而是应该认真听他的想法，与他一起讨论解决问题的办法。让他自己先说，父母再加以评论与引导，着重对事态的现状，进行一些利害得失的分析，鼓励他自己去面对并战胜困难。孩子说出了心里话，尽管有时很荒唐，父母也不可取笑，更不可妄加指责。父母要允许孩子发表自己的意见，并让孩子意识到自己的意见是受父母重视的。

孩子在成长过程中，不可避免地会做错事，说错话，父母应语重心长地耐心开导，让他真正知道自己的错误所在。

（一）多和孩子聊天

现代父母最大的特点，就是“忙”。爸爸忙，妈妈忙，能干的职业妇女在家里最常挂在嘴边的，就是催孩子：赶快洗澡、赶快吃饭、赶快写功课、赶快……

一忙、一急，哪有时间、哪有心情和孩子好好聊天呢？可是，不多和孩子聊聊，又怎么会知道他在想什么、他想做什么？

合格的父母，无论再忙，也会找出时间和孩子聊天，做温馨的亲子对话，多听孩子的想法，也适时说理给孩子听，给孩子适当的管教。

常和孩子接触、聊天，可以让孩子知道什么是对的、什么是错的。当孩子犯错的那一刹那，心里自然而然就会出现一股约束力量，知道父母曾告诉孩子不可以这样，错误就不会发生了。

（二）学习倾听孩子的话语

多数人都习惯说话，不习惯听话，尤其是父母面对孩子，更是滔滔不绝，要他做个“听话”的孩子。然而只顾自己说，不听孩子说，怎么知道他在想什么？不听孩子说，又怎么能了解他、管教他？所以，父母想要有个听话孩子，必须先要“听”孩子说“话”。要养成倾听孩子说话的习惯，并不很困难，只要告诉自己“少开口”就可以了。

当孩子在述说一件事时，父母尽量忍住不要打岔，只需不时地点头、微笑，或以简单的言语鼓励他说下去就可以了。当孩子发现父母有兴趣聆听他的诉说，他一定会有兴趣说给你听。

从倾听中，父母能够知道孩子在学校和老师、同学相处的情形，孩子在班上暗恋的对象是谁，哪个同学有欺负人的习惯，孩子最讨厌哪门功课……

（三）鼓励、说理代替责骂

许多孩子总喜欢把“懒得理你”挂在嘴上，当孩子以这种态度对待父母时，其实他对父母的失望已经有好长一段时间了。因为，长久以来，孩子和父母沟通不良，干脆“免谈”。

为什么沟通不良？也许以前孩子是很喜欢和父母聊天的，可是常常他才刚开口，马上换来一顿骂，久而久之孩子就不想说了。亲子沟通从谈心、聊天开始，而良好的沟通除了温和的言语，一个微笑、一个拥抱，都是亲子关系的润滑剂。

七、用温和的建议给孩子的心灵松绑

孩子幼小的心灵极容易受到挫伤，家长任何粗暴武断的教育方式都不会奏效，甚至会适得其反，只有用温和的方式，真诚地和孩子交流才能走进孩子的心灵。为什么教育孩子时最好要用温和的建议呢？

首先，温和的建议能减缓孩子的心理压力，多数孩子都害怕批评，这是一种潜在的心理负担。一旦受到了父母的呵斥，这种负担便会转化为“心理压力”，孩子会因为考虑到父母将怎样处置，而变得焦虑不安，精神紧张；同时，自我保护的本能，又会促使孩子做出“心理防御”，以至于在父母面前不敢也不愿道出真情。这时，倘若父母能用和蔼的态度、温和的建议开导和说服，孩子就会获得心理上的宽慰，紧张的神经会渐渐松弛，情绪稳定了，父母的说教也就容易接受了。

其次，温和的建议可以减弱甚至消除孩子的逆反心理。许多孩子从小就受到父母过分严厉的斥责，可以说他们是伴着训斥声长大的。在这些孩子眼里，父母不可亲近，而且令人憎恨。由于情绪的强烈对立，所以对父母的要求，往往会一概拒绝，有时甚至反其道而行之，故意调皮捣蛋与父母对着干。可见，严厉斥责只能使孩子的对立心理更趋激化。温和的建议，心平气和地就事论事，会对孩子产生良性暗示，愿意接受父母的教诲。如长期坚持这样做，自然会消除逆反心理，自觉按照父母所讲的道理去学习、生活和做人。

再者，用温和的建议与孩子谈话，可以缩短父母与孩子之间的心理距离，增进彼此的亲密关系。相反，那些父母的“尊严”，对孩子声色俱厉的训斥，往往会阻碍父母与孩子之间心理的沟通和感情的交流。

总之，用温和的建议与孩子沟通，比较合乎孩子的心理要求和特点，它有助于促进父母与孩子之间的思想交流和感情沟通，从而使孩子尊重父母、信赖父母，自觉自愿地接受父母的批评和教育。

如果父母用命令的口吻告诫孩子，孩子就会拒绝，因为他们感到，对你的让步就意味着自己的软弱和不自主。经常听到有些父母高声亮嗓地吼孩子："不要吵，不要乱喊乱叫！""父母说话时别插嘴！"在这种情况下，孩子往往也会态度强硬起来，变得蛮不讲理。

其实，客气地用温和的语调征求孩子的意见，他们会乐意去实现你的愿望。如果你改换成温和的口吻，表示重视孩子的意见，友好地问："你是怎样想的？"或者说："我想和你商量一下，你说怎么办才好？"你就会看到孩子会很认真地考虑和关心你提出的问题。

强强是个聪明的孩子，平时也很乖巧。但有一次，他跟妈妈到姑姑家去玩时，却发生了点不和谐的小"插曲"：到了姑姑家后，由于妈妈很长时间没有见到姑姑了，所以难免和姑姑聊得时间长了点。本来强强和姑姑家的表弟玩得也很好，可是快到吃饭的时候，强强吵着要回家。妈妈正和姑姑聊到兴处，也没有心情理强强，只是随口说了句："去去去……"

没想到强强一改往日的乖态，躺在地上撒起泼来。这还真让妈妈下不来台，妈妈抡起巴掌就在强强的脸上留下了"纪念"。这下强强更不依了，姑姑只好同意他们"打道回府"了，一场好端端的相聚就这样在不和谐的气氛中收场了。其实如果妈妈能和强强说得好一点，或许就不会造成这种尴尬的局面，这是妈妈“粗暴”的结果。

当孩子出现问题时，父母不妨先放下“打骂”或“粗暴”的管教方式，不妨尝试一下使用温和的建议，或许真的能收到预料之外的良好效果。

（一）以体恤和宽容孩子为出发点

孩子的成长过程是一个不断改正错误和学习的过程。因此，面对孩子的问题，父母不能发脾气或自我失控，而应该予以理解，以体恤和宽容孩子为出发点。唯有如此，才能够做到理智、平静地面对和处理孩子身上的问题。

（二）针对孩子情况提出建议

有效的建议，都是有的放矢的。父母对孩子提出建议应该从孩子的实际情况出发，具有针对性和可行性，只有这样才能够收到事半功倍的良好效果。否则，无效的建议提的太多了，反而容易引起孩子的反感。

（三）尊重孩子的选择和意愿

父母给孩子提建议是应该的，但千万不能抱着“孩子一定要听取”的想法，否则，那就不是“建议”，而是“命令”了。孩子也是人，他们有自己选择的权力，对于父母的建议，他们听取不听取，父母也要尊重孩子的意愿，千万不能采取压制或胁迫手段。

（四）爱意融融，用温情打动孩子

对孩子的建议，要包含无限的真诚和浓浓的爱心，只有这种温情脉脉的建议，才能最有效地打开孩子的心灵，被孩子听取。“未成曲调先有情”，教育孩子只有动之以情，才能够收到良好的效果。当父母能够用温和的春光去照耀孩子的心，孩子就会在愉悦之中成长。

八、反思教育中“成年人意识”的剥削

成年人的思维模式、行为举止（这其中包括成年人的权力欲和支配欲）借助于真诚的“爱”，畸型地施放于接受基础教育中的孩子心中，使得受教育中的孩子学业负重、唯成人意识而转移、无所适从，从而丧失童真、扼杀了创造力、失去个性、权益意识淡薄等。这些都警示我们：教育应先改变思想和观念，而这改变必须是从成年人做起，且必须得做到位。

相信天下没有不爱自己孩子的父母，家长都爱自己的孩子，但奇怪的是由这些成年人组成的成年人社会却并不怎样爱孩子。试问，有多少成年人在随便什么地方、任何一种场合、对任意一个孩子都会赋予真诚地“爱”呢？

孩子们的人生之初，每个人的记录都是空白，是成年人的所谓的“爱”和权力欲抓住孩子的小手，使孩子们人生图画的底稿罕有“本我”

的愿望和个性，大部分是成年人欲望的强加，到最后，成年人不满意，孩子们更不满意。而责任呢，成人们又统统归咎于孩子们。孩子们不解呀！这深情的爱怎么不能使我们快乐呢？成年人意识中的爱，绝大部分与孩子自身特点相悖，与真正的教育宗旨相悖。爱，在他们那里已经畸形，这爱之所以畸形，是因为这“爱”充满了成年人的“长官意识”，是充满了权力欲和支配欲的。

现在我们来看看现代西方发达国家的基础教育，成年人（家长）对孩子教育的大部分精力用于如何帮助孩子达成自己的目标。孩子的思维和行为基本上不受外在因素的拘束，属于一种赞赏、宽松型的学习生活氛围；现代中国的基础教育，家长对孩子教育的大部分精力用于如何阻止孩子达成自己的目标。而要求孩子按照成年人的欲望来操作，去完成成年人所希望达成的目标，属于一种批评、压抑性的学习生活氛围。孩子的思维受到了抑制，孩子的兴趣受到了打击，只能按照成人的要求，“依葫芦画瓢”，循规蹈矩，孩子慢慢地接受，永远循规蹈矩下去，一直到成年，还谈什么创造力。

据说陶行知先生曾经提着一只鸡上台演讲，整个演讲几乎靠动作来完成的。他一手提着鸡，一手按住鸡头，硬要鸡去啄台子上的谷子，但鸡挣扎着始终不啄，没有办法，只好放开它，还轻轻地抚摩它的羽毛，然后慢慢地走开，不一会儿，鸡自己把台子上的谷子吃得一干二净。

思维能力本无需刻意培养，要刻意也“刻”不出来的。孩子本身在生活的接触中就存在着无数的想象和创造，而中国孩子这种创造愿力的慢慢丧失，恰恰是成年人意识温性扼杀的后果。实际上人的创造能力贯穿于儿童时代并延伸到人的一生，只要成人们能对他们宽容、信任、赞赏并提供条件、进行思维引导就行了。也就是说，孩子的童真蕴藏了大量的创造力，而压抑使孩子慢慢丧失了童真，便是丧失了创造力。尤为可怕的是，我们推崇的知识是因创造力的存在而活，而没有了创造力的知识，仅仅是一堆垃圾。

世间所有的家长都是爱自己孩子的，尽管这“爱”是一种“狭隘”的爱（只爱自己的孩子），尽管在这“爱”的招牌下家长们有意无意地给孩子们施放了大量膨胀了的权力欲和支配欲，但这种爱的本质无可置疑。孩子们只是祈求成人们收敛他们的权力欲和支配欲，改变一下成人们辛辛苦苦付出的“爱”的形式，给孩子们以尊重、宽容、赞赏、信任和快乐；还孩子的天真、稚气，这样做不仅值得，而且必要。

由权力欲和支配欲延伸出来的处世圆滑、唯命是从、怕官、红眼病、窝里斗、自私、虚荣、无视公共道德、法律意识的淡薄，无时无刻不在侵蚀着孩子纯洁的身心。所以成人们必须正视的是：你们快乐于权力欲和支配欲的施放的同时，是以失去孩子的天真、创造力权益，造成个性品质的畸形，甚至牺牲孩子一生的成就为代价的。你们充满权力欲和支配欲的“爱”对于孩子是非常可怕的！

谈教育就必定首谈教育孩子，这是成人们的习惯，都在探讨如何来教育好孩子，要孩子这样那样，似乎所有的问题都根植于孩子们的身上，为什么成人们不反过来检讨一下自己？我们有没有资格来教育孩子，难道把一个个天才都“规范”成平庸的人，便是我们教育孩子的目的吗？

孩子们在自己这张洁白的纸上，都想画出他们认为最美的图画，而成人们在干什么？成年人最大的欲望就是能够使孩子们充满志趣且无羁绊的小手能在他们的指挥之下，去完成最后成人们和孩子们都不满意的、不伦不类的、糟糕的涂鸦。

几乎没有一个成年人肯承认自己比孩子懂得少，都自负于自己在各方面皆是孩子的权威。给予了孩子无限的、畸形的爱，给予了孩子所谓的“自由”，在他们的观念和意识里将其美称为对孩子的“恩赐”，不是么？许多的时候，成人们把自己的愚蠢强加于孩子时，都把它美称为“教育”，而这“教育”在这些有着教育责任的成人手里变得一塌糊涂。流于形式的“启发式”启发了孩子什么？“愉快教学”中的孩子们真的愉快了吗？这是所有父母都应该值得深思的问题。

九、不说伤害孩子的话

有些妈妈在生气的时候，常常说“妈妈不要你了，妈妈再买个宝宝回来”“妈妈不喜欢你了，妈妈喜欢别人”的气话。也许你是出于无心，但自己随便不负责任说出的话，可能会对孩子的心灵造成重大的影响。

父母在孩子心目中一般都具有高大的形象，所以你所使用的每一句话都可能让孩子更加乐于合作，更加自信，但也可能令他们感到挫败并失去信心。因此，作为父母应该多说能解决问题并让孩子快乐的话语，而应该永远拒绝那些伤害孩子的话溜出自己的嘴唇。

提起对孩子的伤害事件，人们首先想到的是被人抢劫、勒索、欺负及被父母或教师体罚等。但是对孩子而言，他们怕的“软”伤害远胜过这些“硬”伤害，在他们的心中，排在第一位的是软性的“语言伤害”。“中国少年平安行动”组委会曾公布了一项内容为“你认为最急迫需要解决的家庭伤害”的专项调查，结果显示：81.45%的被访问的孩子认为家庭“语言伤害”是最急需解决的问题。

经常遭受“语言伤害”，孩子的心灵就会扭曲，即使成年之后也会出现较多的行为障碍和个性弱点，难以适应社会。为了孩子健康成长，父母要对不良语言的严重后果予以高度关注，不要以为几句话不会对孩子造成多大危害，气急之下就口不择言地说许多刺激孩子的话，对孩子造成了心理伤害，却浑然不知。要知道这种心灵的伤害甚至比肉体的伤害更严重。父母作为孩子的“第一任老师”和“最亲近的朋友”，切不可成为这样的伤害者，让孩子感觉“最亲近我的人伤我最深”，因而疏远、躲避父母。

我们来看一位家长的叙述：

有一次，我和女儿带着6岁的外孙到西班牙度假。在一家商店里，外孙非要买滑板，但妈妈说："你已经有两个了，不能再买了，你这个孩子，怎么这样贪得无厌啊！"

小男孩一下就躺在地上哭闹起来："我就要，现在就要！"

我走出去了，在外面站了一会儿，觉得自己应该做些什么，就进去对外孙说："我知道你很伤心，很生气，有的时候生活就是这么让人沮丧。不过我有个好主意，你愿意试试吗？"

小男孩觉得外婆理解他，又想尽力帮自己，就停止了哭闹。

我对外孙说："你想买滑板，可我和你妈妈都不愿意给你买。我们可以到别的商店看看，有没有商店愿意把它作为礼物送给你。"小男孩高高兴兴拉着外婆的手来到另一家商店，外婆把他介绍给售货员，问是否能满足孩子的要求，售货员遗憾的摇了摇头。两人走了四家商店都碰了钉子，到了第五家，小男孩说："我不买滑板了，我还是玩家里的那个吧。"

遇到上述案例中的情况，通常情况下，父母的反应都是会说"你不应该大叫""不许哭"。但是作为一个孩子，出现这些情绪是正常的。父母应该尊重孩子的情感，允许他们表达，否则，就会对孩子心灵和情感造成伤害。

怎样才能避免对孩子的情感造成伤害呢？很多时候，孩子的行为让父母头疼，而且也是不对的。父母要避免对孩子的“语言伤害”并不是件难事。下面的建议，不妨作为父母的参考。

首先，要清醒认识到“语言伤害”的严重程度，在思想上高度重视。

其次，要多鼓励孩子，采用积极性语言教育孩子，时刻注意不对孩子说伤害他们的话，尤其是在气急的情况下，更要保持理智，控制好情绪，努力做到和风细雨、循循善诱。

再次，讲究批评的艺术，要以提醒、启发来代替指责、训斥。如用“我相信你可以做得更好”鼓励孩子有更努力的动机，用“没关系，慢慢来，尽力而为”帮助孩子调整焦虑、紧张的情绪。

第四，要做好自我调整，以平常心看待自己的孩子，根据孩子的生理、心理特点，因材施教。避免说出诸如：“你怎么越大越……”“你都这么大的人了，竟然还……”“你怎么就不能像人家……那样呢？”“我刚才是怎么跟你说的？”之类的话。这些话语都会刺伤孩子的自尊和心灵。

总之，“良言一句三冬暖，恶语伤人六月寒”，同样是语言，功效却截然不同。父母们若要科学地教育孩子、关爱孩子，就该多用“良言”，禁用“恶语”，以免对孩子造成“语言伤害”，酿成无法挽回的过错。作为父母，为了孩子，从现在开始，改变自己的说话方式吧。

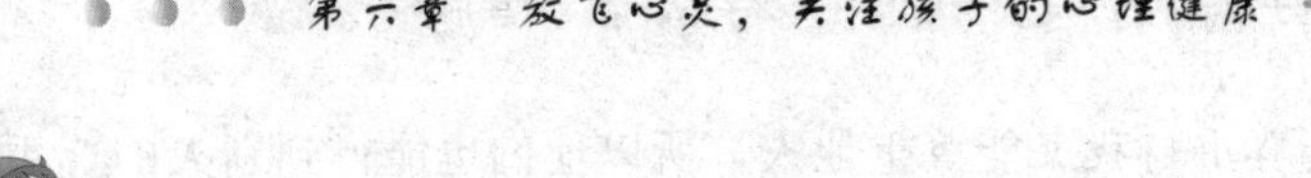

十、别当众揭孩子的短

英国教育家洛克说过："父母不宣扬子女的过错，则子女对自己的名誉就越看重，他们觉得自己是有名誉的人，因而更会小心地去维持别人对自己的好评；若是你当众宣布他们的过失，使其无地自容，他们便会失望，而制裁他们的工具也就没有了，他们越觉得自己的名誉已经受了打击，则他们设法维持别人的好评的心思也就愈加淡薄。"

实际情况正如洛克所述，孩子如若被父母当众揭短，甚至被揭开心灵上的"伤疤"，那么孩子自尊、自爱的心理防线就会被击溃，甚至会产生"以丑为美"的变态心理。

每个孩子都是活生生的生命个体，他们不仅仅满足于被爱、被保护，他们更渴求得到尊重和理解。

一个星期天，一位中学生邀请他的同学来家聚会，他们玩得正开心，妈妈回来了，看到家里乱七八糟，便火冒三丈，当着同学的面把他臭骂了一顿。儿子觉得自尊心受到严重挫伤，同学们也感觉下不了台阶。这孩子一气之下就到姥姥家去住，每天都从姥姥家直接上学，母子俩"僵"了两个星期，最后还是妈妈主动承认错误，化解了矛盾，孩子才肯回家。

尊重孩子，保护他的面子，这对孩子的成长来说是极为重要的。站在孩子的立场尊重孩子，会有益于孩子产生和形成一种自重、自爱、自尊，并要求受到别人尊重的情感。具有这种情感的孩子，在人际关系上，既能尊重自我又能尊重他人，所以他们也能得到别人的尊重，在生活中就会自信心高，责任感强，有进取精神。

其实，孩子的面子比大人的面子更重要。因此，父母们不要当众批评孩子，因为孩子每一个行为都是有原因的。这是由孩子的心理、生理年龄特点所决定的。也许这些原因在成人看来是微不足道的，但在孩子的眼里却是很严重的事情，不了解原因当众批评孩子，非但不能解决问题反而会使问题变得更糟，使孩子产生逆反抵触情绪，导致对孩子的教育很难继续下去。父母对孩子进行批评是为了抑制孩子不良行为、不良品德和不良学习态度。其实，父母要做到正确的批评，还真有些小窍门，因为批评不仅应该有益于家庭教育，也应该是保持良好的亲子关系的关键所在。

（一）批评孩子要注意时间和场合

父母尽量不要在清晨、吃饭时、睡觉前批评孩子。在清晨批评孩子，可能会破坏孩子一天的好心情；吃饭时批评孩子，会影响孩子的食欲，长此以往会对孩子的身体健康不利；睡觉前批评孩子，会影响孩子的睡眠，不利于孩子的身体发育。最关键的是，父母批评孩子最不应该在公开场合，比如：公共场所、当着孩子同学朋友的面、当着众多亲朋的面。孩子也是有自尊心的，甚至有的孩子自尊心会很强。如果父母在公开场合批评孩子，会让孩子感觉很没面子，还可能会对父母心怀不满甚至心生怨恨，会影响父母与孩子之间的感情。

（二）批评要合理

批评合理才能使孩子从心理上产生接受感，才有可能抑制孩子的不良品德、不良行为、不良习惯和不良学习态度。

父母对孩子进行批评首先要把孩子的不良行为事实搞清楚，事实不清，夸大其词会使孩子产生拒绝心理。因此，父母在批评孩子时，要做到有一说一、有二说二，绝不能把一说成二。生活中，有些父母之所以批评孩子遭到抑制，甚至让孩子产生不满，就是因为父母批评的理由不充分，甚至夸大其词，使孩子产生反感。

（三）批评要与教育结合起来

为了使批评能够达到目的，父母在对孩子进行批评时一定要向孩子讲清楚不良品德、不良行为、不良习惯与不良学习态度的危害性，使孩子感到非常有必要克服这些缺点并改正错误，使孩子感到父母批评自己的目的确实是为了自己好、是为了自己能够更快地进步。

（四）批评要批评在点子上

“打人莫打脸，骂人莫揭短”，父母的批评要有针对性，就事论事。然而，有些父母批评孩子却不是就事论事，而是东拉西扯算旧账，把上星期，甚至一年前、两年前孩子的过失都放在一块儿算。这样就冲淡了要批评过失的主题，孩子不知道挨批评的重点是什么，也不清楚父母让他改正什么，这也不是，那也不是，总是有缺点，容易使孩子产生消极情绪，失去信心。

（五）批评孩子也要给孩子申诉的机会

当批评不符合事实，父母也应该允许孩子做出解释。因为如果孩子表面上虚假地表示接受批评，然而心里大感委屈，实际上不仅于事无补，还可能引发种种弊端。与此同时，父母也要让孩子明白：解释的目的并不是推卸本来应负的责任，还应要求孩子解释时保持心平气和、实事求是的态度。

成功的家庭教育来自于父母对孩子的深入了解，接受和尊重孩子而不是揭孩子的短。因此，当孩子的行为表现不能令人满意时，父母千万不要劈头盖脸地随意指责孩子，要根据不同时期的孩子的心理特点给予积极引导。

批评孩子是一门艺术，因此，我们每个做父母的，都应该努力去学习、去探讨这门艺术，以便让我们对孩子的批评能有的放矢，如春风化雨般滋润孩子的心田。

十一、克服孩子的不良情绪

喜悦、愉快的情绪能促进孩子身体的健康成长，使他在成长的道路上从容地面对陌生的环境，与周围的人和谐相处，甚至更好地表达自己的想法，体现自己的优势。反之，恐惧、悲伤等情绪不仅会危害孩子的身体健康，更会歪曲了他的人生观。因此培养孩子的积极情绪，对于他的身心健康发展具有十分重要的意义。

“东边日出西边雨”不仅是一种自然现象的客观描述，而且也是少年儿童情绪特点的有趣比喻：一边是趋向成熟、愉悦、平静、稳定、调控，积极的情绪因素不断增加；一边是情绪问题陆续地出现，厌学、抑郁、焦虑、冷漠，诸如此类的问题给他们的成长与发展罩上了阴影。有的阴影随着时间的推移自然消逝，可有的阴影却需要施加人为的驱散力量，促使各类情绪问题的顺利解决。

俗话说：六月的天，小孩的脸。倒过来讲，也有道理：小孩的脸，六月的天。意思是指小孩的表情像六月的天气，时而晴空万里，时而风雨大作。

表情是情绪的外部信号。表情的变化在很大程度上反映出情绪的变化，年幼的儿童尤其如此。心理学的研究证实，情绪的不稳定性是儿童的一大年龄特征。但是，这里有两个值得注意的问题：一是年龄差异。10 岁的孩子与 6～7 岁的孩子虽同是儿童，可是，如果 10 岁孩子的情绪仍然像 6～7 岁一样，动辄哭闹，毫无节制，那就显得情绪幼稚化了。二是情绪诱因。一般情况下，孩子的喜怒哀乐都是与一定的诱因联系在一起的。做错事受到父母的批评，孩子一副沮丧的神情；与友伴玩游戏取得了胜利，兴奋之情溢于言表。

情绪又可分为健康的与不良的两种，健康的情绪引导孩子积极向上，不良的情绪妨碍孩子健康成长。不良情绪有多种表现形式，而且几乎所有孩子的身上都有一些表现，因此，帮助孩子克服不良情绪，是每一个做父母的不可忽视的问题，对帮助孩子的健康成长至关重要。

如果孩子产生了抑郁、恐惧、焦虑、嫉妒等不良情绪，便会给孩子造成不必要的心理压力，势必影响孩子的心理健康，产生不良后果。因此，帮助孩子走出心灵的阴影，排除心理压力，才能使孩子轻松愉快、生动活泼地健康成长。

（一）孤僻

下课了，孩子们像小鸟一样快乐地“飞”出活动室，三三两两地结伴而玩，而超超常常是独自坐在座位上看着别人愉快地玩耍，偶尔随着别人的欢快笑声自个儿也微微一笑，没有人过来找他一起玩。有时，从超超的眼神里也能看到他也想加入同伴们的游戏团体，但他总是很少被他们注意到，当然自己也不知怎样才能加入到孩子们中间。

晨间活动被安排在户外，活动内容是玩球，主要目的是让幼儿自由结伴练习抛接球。老师让小朋友自由选择自己喜欢的人，一起去试一试。只有超超一个人孤零零地站在那里，老师发现了这一情况，走过来亲切地拍拍他的肩，鼓励他和小朋友一起玩，但超超紧张地摇摇头，拨弄着地上的皮球，瞧瞧老师，看看同学，怎么也不肯加入游戏……

在这里，超超就是一个孤僻的孩子。

在孩子的成长过程中，爱与温情很重要，如果父母不注重与孩子沟通，孩子便会产生孤独感。父母在与孩子沟通时，要注意孩子没有明说出来的思想感情，要学会聆听和促使孩子说话。有时候，出于自尊心或是别的原因，孩子并不愿意或认为没有必要用语言说出他们的思想感情，但他们又很想让父母明白他们的意图，这时，他们就会改用另一种表达方式对父母进行暗示。细心的父母一定可以发现孩子的这种微妙的变化，弄清孩子没有明说的思想感情。所需要的技巧是：了解孩子隐藏在内心的思想感情的微小、微妙的变化，如同在阅读时注意字里行间的含义所需要的技巧一样。

父母要对孩子正处在苦恼时所表现出来的不正常现象敏感。很多孩子在想要父母知道他们需要什么的时候，只是悄悄地说。如果父母不注意听这些不显著的信号，这种悄悄话是听不见的。如果父母的感觉不灵敏，就应该试着努力去注意孩子反常的、细微的行为信号。比如，注意孩子不正常的、声调、面部表情、动作、姿势等。孩子讲话时，除了注意他的无言行为之外，还要倾听他所讲的字里行间的意思，想一想孩子希望告诉家长什么。也可以提出一些问题，来识别或弄清孩子的动机或基本情绪。凭借着父母特有的细致与耐心，做到这些其实是不困难的。下面这位家长正是通过生活中的一件细微的事情，开启了女儿的心扉，值得家长们借鉴。

玲玲是一个内向、敏感的孩子，平时很“闷”，话也很少，也就是我们上面所提到的孤僻。

一次，母亲的同事送来两张电影票，是《泰坦尼克号》，母亲便带女儿去看了。当电影放到船沉下去、女主人公冻成冰人时，母亲听到玲玲在悲伤地哭。回家的路上，女儿好像话特别多，问得最多的一句话是：“妈妈，为啥人家都死了，她（女主角）冻成冰人了，却活了下来？”母亲告诉她：“这是一种爱的力量，就像有一次我发40度的高烧，你爸爸又不在家，我就硬撑着起来帮你烧饭。因为我是你妈妈呀，我怕你饿着，这也是一种爱呀！”玲玲听了这话，似懂非懂，一副很激动的样子，一下子依偎到母亲的怀里。

通过这件事，母亲才发现玲玲原来是想说话的，是愿意表达自己思想感情的，只是没有引导她，没有找到她感兴趣的话题。后来，玲玲每天放学回家，母亲就有意识地让她讲讲学校里的事和学习上的困难等，或在每晚睡觉前，给她讲讲故事，讨论讨论课本里的内容等。时间一长，玲玲每天回来就与母亲说个不停，碰到原先她根本不会讲的事，也会凑到母亲的耳旁讲出来。慢慢地，玲玲好像跟母亲越来越亲，人也活泼多了，连老师也说她好像变了一个人似的。

这就是一个母亲，通过一件小事，无意中掌握了教育孩子的方法。要不然，这孩子一直这么内向、拘谨，将来怎么在社会上生存呢？

（二）抑郁

8岁的小玲有一段时间显的有点反常，食欲明显比以前下降了，有时莫名其妙的发脾气或者流眼泪，对妈妈的态度也不像从前那么亲密了。这是怎么回事呢？有经验的家长向小玲的妈妈说，这个孩子很可能最近发生了什么事，心理上有了创伤。小玲的妈妈有点不以为然，觉得小玲只是个8、9岁的孩子，心理还很不成熟，不会有什么心理或精神创伤的，而且她自己也询问过小玲，小玲矢口否认。

其实，不要仅仅因为孩子说过“我没有”，妈妈就相信她真的什么事都没有。8、9 岁的孩子已经懂得掩饰自己的情感了，他们想自己去解决问题，以免父母操心。他们想否认自己的创伤，并且不愿面对它。

后来，小玲的妈妈说，原来小玲的一个非常要好的同学刚刚在一次意外中死去了，这件事给小玲的刺激很大。当然，了解了原因，解决问题就容易多了。在妈妈的开导下，小玲很快就明白了生与死的意义，走出了抑郁的心理世界，恢复了往日的活泼和开朗。

对于孩子由于感情或心理上的创伤而产生的精神抑郁，要具体问题具体分析，对症下药。解决方法可以通过给他一个交谈的机会，解除孩子的愤怒、恐惧和困惑，也可以交给他一种反抗自己所遇到的不公正对待的正确“武器”，让孩子从抑郁中解脱出来。

（三）焦虑

一名小学六年级的学生在信中这样写道：

“考试成绩终于出来了，果然不出所料，我又考砸了，数学得了 90 分，语文只得了 85 分。爸爸妈妈虽然没有批评我，可我心里很难受！

我不是个学习成绩差的学生。平时作业我都是 100 分、98 分。有时同学们遇到难题还向我请教。可每到考试我就不行了，本来会的题目也答错了，本来很熟悉的内容也想不出来了。我不断提醒自己：要细心，细心，再细心！可仍然出现看错题、抄错题的毛病。这次数学考试，我居然把‘÷’看成是‘+’。我真苦恼……”

从信中可以看出，孩子存有某种程度的焦虑。

当孩子出现过度焦虑紧张的症状时，需要采取多种措施缓解孩子的焦虑紧张心态。

1. 音乐缓冲法。让焦虑严重的孩子经常听听舒缓、轻柔、优美的乐曲。

2. 幽默娱乐法。带孩子去听听相声，与孩子一起看看小品、幽默画，同孩子一道参加游乐类活动。

3. 自我“欣赏”法。让焦虑严重的孩子坐在镜子面前，看看自己焦虑的表情，对镜中的自己，倾吐心中的焦虑。

4. 后果重估法。严重的焦虑往往来自对后果的过分估计。考试焦虑的孩子往往认为考试成绩非常非常重要，少1分，天就可能塌下来。家长要引导孩子意识到：一次考试虽然重要，但不能说明一切，这次考不好，还有下次。

5. 整理活动法。要求孩子每天整理好自己的生活用具，学习材料。经常分配孩子干一些“整理抽屉”“整理房间”之类的活儿，也能减轻孩子的焦虑情绪。

（四）自尊心过强

自尊心过强，即是倔强、不容易妥协、喜欢说好胜的话、表现高傲、不愿听取意见、不肯认错。一般而言，孩子到了一定年龄时，开始有自觉的思考力，有自己的想法和爱好。当他们正在发展这些能力的时候，一旦遇到阻力，就会出现不服从和顶撞父母的现象。父母觉得孩子不听话了，就用处罚的方式来教导他，越是不服，就越要惩罚，不知不觉中就把孩子训练得更倔强。要避免这种情况，父母教育的态度必须改变，当孩子说“不”时，不要立即发怒；当作没有听见，照常对待他，避免发生直接对抗。把你要他改正或要做的事说完以后，就静静等候，不要不断重复、呼喝和命令他。孩子见父母似乎没有改变主意，最后自然会顺从的。

当要孩子去做某件事的时候，给他一个整理情绪的时间，不要要求他立刻执行命令。这样会令他觉得自尊受损，于是倔强地不愿妥协，硬要与父母作对。例如，当孩子正在看电视，要他立即停止，一定引起他的不满和对抗。如果能先给他一个预告，比如说：“你已经看了很长时间的电视了，应该做功课了，再过 5 分钟，就关掉电视吧。”这 5 分钟，是给他一个调整情绪的时间，让他能先有个心理准备，知道下一步该怎么做。这样他会比较容易接受安排，到时间后他会乖乖地关电视做功课。

父母的尊严，往往是引起和孩子冲突的原因。父母坚持孩子一定要完全听从安排，遭到拒绝就生气，觉得孩子不尊重自己；而孩子的自尊，令他不愿屈服在父母的命令下。培养孩子适当的自律，就必须把孩子当作“别人”一样来尊重，不要全凭父母的尊严、主观的想法来做，不要存有完全控制孩子的念头。站在第三者的立场来看自己的孩子，会看得比较客观，也比较清楚，更能冷静地去对待他们的问题。而且，给孩子适当的自尊是应当的，一个完全没有自尊的孩子会显得很自卑、很怯弱，跌倒了也不会站起来。

当孩子因过度好胜或倔强而犯错时，向他清楚解释他做错了什么、为什么错，使他知道自己所做的事产生了怎么样的后果和为什么受到责备。父母平时的言语也很重要，不要向孩子过分强调“竞争”的观念，应灌输“合作”“共享”的观念；鼓励孩子参加竞争性较低的活动，以及教导他参加这类活动的意义。

赏识教育，平凡的孩子也有“春天”

世界上真正卓越的人只是少数，不管我们的孩子是不是在少数之列，他只要有了健康的身体和健康的人格，只要他一直向着自己的目标前行，成为一个他想成为的人，无论他最终是否卓越，他的人生都是美好的，最终也一定能够迎来自己的春天。

一、发现孩子的闪光点

很多家长看见别人家的孩子坐得住、爱读书，总是夸赞不已，一说起自己家孩子贪玩，心里就着急，感觉无计可施。只要用心发现，其实在这些贪玩的孩子身上，也有许多可贵之处，如果引导得好，他们一样会进步得很快。

下面是一位小学班主任老师的叙述：

我们班的男生王强特别顽皮，上我的语文课还听话，其他老师经常向我告状。有一天下午下课，王强突然跑到我跟前说：“李老师，我受灾了，书包被人灌水了，里面的书本全湿了，不信你看。”我低头一看，王强的整个书包都湿透了。

快放学的时候，等全班同学都坐好，我对大家说：“今天咱们班有一位小灾民，他的书包不幸被人灌了水，书本全湿了，但是，在灾难面前，这位同学没有发脾气、借机找事，而是表现得很冷静，及时向老师报告。”

听完我的话，全班同学一齐把目光投向王强，“啪啪啪”鼓起掌来。从未赢得过掌声的王强，面对大家鼓励的掌声也显得很激动。

放学后，王强蹲在教室门口，把书一本本摊在地上晾。“王强，你不回家了？”中队长崔虎关心地问。没料到他一反常态，一本正经地说：

"我把书晾晾，下礼拜该期末考试了，我得赶紧写作业，今天只好把作业先写在纸上了。"一向爱帮助同学的杨军说："我有两本语文书，借给你一本吧。""我这儿有本作业本。"另一个同学也热心相助。

晚上，我开始改作业，翻开王强的本子看了一遍。这真是破天荒了，要是在平时，他作业都是写一半剩一半。想到这儿，我当即给王强的爸爸发了一条短信：王强今天在校表现优秀，作业全部按时完成，提出表扬！第二天早晨，王强是第一个来到班里的，这一天他像吃了兴奋剂一样，学习起来劲头十足。

另外，还有这样一个故事：从前，有位渔夫出海捕鱼，从海里捞到一颗大珍珠。这颗珍珠晶莹圆润，渔夫爱不释手。但美中不足的是，珍珠上面有个小黑点。渔夫心想，如果能把小黑点去掉，珍珠完美无瑕，就会成为无价之宝。于是，他就开始耐心地剥剔黑点。可是去掉一层，黑点依然存在；再去掉一层，黑点还是存在；再去掉一层……最后终于去掉了，不过，令人惋惜的是，这颗硕大的珍珠也已不复存在。

由此可以联想到，我们的孩子不就是一颗硕大的珍珠吗？他们或多或少地都存在着这样或那样的"小黑点"——不时会犯或轻或重的错误。而有些家长，又总是在苦苦地追求着孩子的那种"白璧无瑕"的完美境界，例如孩子一时成绩不好，他们往往采用简单粗暴甚至体罚的方法对付孩子；如果孩子一时不听话，他们就火冒三丈，吹胡子瞪眼睛；孩子一时题做不出来，他们就会随口而出："怎么这么笨"……久而久之，孩子不论做什么事，都往往囿于一个框框内，如同惊弓之鸟，不敢越雷池半步。否则就可能风雨交加，使自己动辄得咎，结果导致孩子的心理压力越来越大。多姿多彩的童年生活被剔除了，孩子的天真无邪和好奇心也被扼杀了。

来看一位老师曾经遇到过的一个例子：有这样有一个孩子，他对自己的要求特别高，甚至还以很高的标准去要求别人。渐渐地他发现自己无法达到标准就变得非常痛苦，为此他的学习也退步了。这就是我班的科林，经过两三次谈话教育后仍无法帮到他。接下来的日子中，我默默反思自己的做法，发现自己是否对他的要求太高了。于是我改变了态度，我开始以较低的要求去审视科林。我发现他有许多优点：他比别的同学更有爱心，同学没带文具用品，就主动借给他们用；他非常有集体荣誉感，班里不管哪里脏了乱了，就会主动去打扫干净；他的字写得很认真，从来都不会因为时间来不及就草草了事。我开始当着全班同学的面表扬他，并且与家长联系，共同努力。经过近一个月的努力，科林的学习有了明显的进步，各方面都非常的出色，年终还被评为全优生。

从这次的教育过程中，我们可以体会到：应当宽容时就宽容，在和风细雨中使孩子认识到错误，及时改正，达到良好的教育目的。正在成长中的孩子，无论他们平时多么不听话，多么调皮，身上总有可取之处，总有闪光点，做家长的千万不能把孩子看扁，要发现孩子身上的闪光点，及时给予鼓励和肯定，用耐心去期待，用爱心去养护，用智慧去启迪，让点滴的可贵之处放射出耀眼的光芒。

有谚云：“垃圾是放错地方的宝贝。”这话说到人的教育上面也是很有意义的。一般来说，人的智力发展总是不平衡的，每个人的智能均有其优势和弱势，一个人在某一方面是“垃圾”，而在另一方面却未必不会成为宝贝，若能充分认识并发挥其优势，任何人均可取得成功。

20世纪德国著名化学家奥斯瓦尔德成才的例子足以说明这一点。奥斯瓦尔德读中学时，父母为其选择了一条学习文学的道路。孰料老师给他的评价是：“他很用功，但过分拘泥。这样的人即便有着很完美的品德，也无望在文学上发挥出来。”面对性格老实、拘谨的孩子，父母充分尊重了他自己的选择，让他改学油画。但他既不善于构思，亦不会润色，更缺乏对艺术的理解力，成绩在班上倒数第一。老师的评语变得简短而严厉：“你在绘画艺术上是不可造就之材。”

面对伤心的孩子，他的父母并未气馁，而是主动到学校征求老师的意见。老师对此十分重视，专门召开了由校长主持的教务会议，会议上不少教师都说该生笨拙，只有班主任肯定了他做事十分认真的特点。化学老师则认为做事一丝不苟，这对于做好化学实验是非常必要的品格，建议他试学化学。他父母接受了这一建议，奥斯瓦尔德的智慧火花一下子被点燃了，这位在文学、绘画上被判定为“垃圾”的孩子，竟变成了在化学方面前程远大的高才生。后来由于在化学平衡条件和化学反应速度等方面的卓越成就，获得1909年诺贝尔化学奖。

俗话说：人人都认为自己的孩子乖。作为家长，如果自己的孩子都不能在你的眼里有着过人的闪光点，那么你还敢奢望别人对你的孩子欣赏吗？欣赏你的孩子吧，即便他在许多的方面是“垃圾”，但只要你善于发现，孩子的“闪光点”就会显露出来，再有意识地朝着这个方向发展，总有一天他会成功的。

二、对孩子的每一点进步都要鼓励

丽贝卡是少年宫的钢琴老师，这段时间，她正在教一批新学生学钢琴。在这批孩子中，有一个叫阿尔瓦的小男孩，他学钢琴非常刻苦，虽然刚开始的时候入门比较慢，但后来慢慢地进入了状态，弹得越来越好，她觉得这个孩子很有潜力。

可是，丽贝卡发现阿尔瓦已经两个周末没有来学琴了。她感到非常奇怪，于是她拨通了阿尔瓦家里的电话，接电话的正是阿尔瓦。

“阿尔瓦，这两个周末怎么没有来学琴呢？”

“妈妈不让我去了。”阿尔瓦小声地说。

“为什么不让你来了呢？家里有什么事吗？”

“没什么事，因为妈妈认为我学不好，再学下去也是耽误时间。”

“怎么会呢，你学得很努力，进步也很快，妈妈为什么会这么说？”

“我每次学完琴回家，妈妈总让我弹给她听。每次弹完，她都说弹得不好，一点进步都没有，就不让我学了。”

挂上电话，丽贝卡为阿尔瓦的妈妈感到悲哀。

无视孩子的进步，仅仅因为孩子没有达到“最佳”或自己心目中理想的标准，就全盘抹杀孩子的成绩，这是对孩子的一种伤害。也许在无意中，会因为父母过高的期望而葬送掉一个科学家或艺术家。

孩子在学习或生活中总会有一些让父母不满意的地方：成绩没有别人好、做事没有别人快、脑筋没有别人聪明……但是，孩子一直都在进步，这才是最重要的。

应该珍视孩子的进步，在孩子看来，只要自己取得一点点进步，父母就应该是高兴的，就应该表扬自己。可是有的父母不会站在孩子的角度看问题，总是用大人的标准要求孩子，因而孩子很多时候很难达到父母的要求。这样一来，孩子就很难看见自己的进步，就会产生自己没有用的想法，从而丧失了前进的动力。

因此，时刻都要注意孩子的进步，尤其是在孩子表现不好或成效不明显的时候，不要打击孩子的信心和积极性，而是应该善于发现孩子哪怕是一点点的进步，对孩子的表现给予宽容，对孩子的进步给予赏识，这将会让孩子建立或重新建立做好事情的勇气和信心。

期末考试的成绩下来了，艾德文只考了第二十名，而他的同桌考了

第一名。回到家，他问妈妈：“我是不是比别人笨？我觉得我和同桌一样听老师的话，一样认真地做作业。可是，为什么我考第二十名，而她考第一名？”

妈妈抚摸着艾德文的头，温柔地说：“你已经比以前进步了，以后会越来越好的。”

第二学期的期末考试，艾德文考了第十五名，而他的同桌还是第一名。艾德文还是想不通，又向妈妈问了同样的问题。妈妈还是说：“你比上学期又进步了，以后会越来越好的！”

艾德文小学毕业了，虽然他还是没有赶上他的同桌，但他的成绩一直在提高，已经进入前十名了。

暑假里，妈妈带着艾德文去看大海。母子俩坐在海滩上，看那些在海边争食的海鸟。他们发现，越是体型比较小的海鸟越能迅速地起飞；而那些体型比较大的鸟比如海鸥却显得非常笨拙，起飞很慢。这时，妈妈对艾德文说：“儿子，海鸥虽然起飞慢，但是真正能飞越大海、横穿大洋的还是它们。”

初中的时候，艾德文的成绩已经名列前茅了。到了高中，他成了全校著名的尖子生，最后以全校第一名的成绩考入了哈佛大学。

这个故事是耐人寻味的。发现并赏识孩子的进步，不仅影响到孩子学习和做事的效果，而且还会影响到孩子对学习和做事的态度。事实证明：孩子喜欢某一门课程，很多时候是因为放学回家后有人愿意了解他们的学习情况，并肯定他们的进步。有的孩子说："我喜欢音乐课，因为回家后可以唱歌给爸爸妈妈听，他们可喜欢听了。"也有的孩子说："我喜欢数学课，因为回家后算数学经常得到妈妈的赞扬。"如果我们对孩子的进步不听、不看、不肯定、不赞扬，孩子的学习态度肯定会受到打击。

有这样一段很精彩的话：假如你的孩子不能成长为参天大树，那就让他做一棵默默无闻的小草吧，他一样可以给你带来春天的美丽；假如你的孩子不能成为一片汪洋，那就让他做一朵最小的浪花吧，他同样可以带给你跳动的喜悦；假如你的孩子不能成为一位名人，那就让他做一个平凡的人，无论是地地道道的农民，或是普普通通的工人，也无论是一名军人还是一位商人，只要他诚实、正直、善良、上进，为父母者都应感到骄傲，因为他们培养出来的孩子是一个对社会有用的人，这就足够了。

当孩子在学习和生活中取得进步，哪怕是很小的进步，作为父母，你都应该说："孩子，你比以前进步多了，继续努力，一定会越来越好的。"

当孩子做事的成效不明显时，不要打击孩子的积极性，要对他说："你每天都在进步，别着急，会好起来的！"

三、从兴趣判断孩子的成才取向

你的孩子在哪些方面存在兴趣？也就是说，其兴趣迷恋内容是什么？不同的兴趣所迷恋的内容，体现出不同的潜能和未来成才的可能性。也就是说这种兴趣迷恋，如果加以正确的引导，会造就出非同寻常的人才，有时即使未加引导而任其发展也可能会创造出奇迹。所以，我们要善于观察分析孩子的兴趣，善于从孩子的迷恋中观察推测出孩子的潜能及其价值，从而实现对孩子未来成才取向的基本判断，为更好地培养孩子成才提供有利的条件。

（一）迷恋于涂涂画画

想象力丰富的孩子画画，有时喜欢别出心裁，画些他内心所想象的奇形怪状的东西。比如，有的孩子画了一棵多宝植物：树叶可当菜吃，树枝像甘蔗那样甜，果实像苹果一样大，树根上结着大红薯。呵！这样的植物，可真是处处是宝呀！

中国台湾著名漫画大师蔡志忠的绘画才能就是在他幼儿时期的涂涂画画中被他父亲发现的。记不清是从哪一年开始，小蔡志忠对漫画产生了浓厚的兴趣，小学课本和作业本的白边上，到处都活跃着他的信手涂鸦的小人国。父母发现这些小人国里蕴涵着孩子生动的空间想象力和极高的绘画天赋，于是便想方设法使孩子在绘画方面得到发展。

蔡志忠出类拔萃的绘画才能，可以说是由他的兴趣“迷恋”出来的。据介绍，全球每天至少有 15 部机器印他的作品。1987 年、1988 年，他连续两年名列台湾 10 大畅销书作家之首。

英国著名的数学家和物理学家麦克斯韦的数学才能，也是在他幼儿时期通过绘画而被父亲发现的。有一次，麦克斯韦的父亲让他画一只插满金菊花的花瓶写生画。当麦克斯韦认真地画完以后，父亲发现整张纸上画的都是几何图形：花瓶是梯形，菊花是大大小小的一簇簇圆圈，而那些歪歪斜斜的三角形表示的是叶子。这张充满了想象力的画，使父亲觉得麦克斯韦可能有发展数学才能的天赋。这种推测是有道理的，因为这幅画里蕴涵着孩子生动的空间想象力，反映出麦克斯韦处于萌芽状态的、十分可贵的几何图形的抽象能力。

（二）迷恋于研究制作

有的孩子研究制作欲望相当强，把一些相当复杂的东西拆开研究，而后再组装，无论是成功还是失败都要看一看，做一做，试一试。还有一些孩子在外面看到什么东西，回家后便根据自己的感受开始设计制作。这些喜欢小制作的孩子不同于一般孩子之处在于：他们不满足于模仿别人的东西，想干别人没有想过或没有干过的事情。

伟大的科学家牛顿，小时候住在格兰汉镇一个叫克拉克的药店里。当时，镇上新安了一架风车，人们好奇地围着观看，小牛顿也挤进去张望。为了弄清风车的结构，他一大早就爬起来，仔细地观察工人是怎样安装的？是怎样开动的？事后，他自己也动手做了一架，装在药店的房顶上。这架小风车不仅会转，而且把小麦放进漏斗，还能磨出白白的面粉来。

有个小朋友给小牛顿出主意：你这个小磨坊倒不错，要是再造个小人儿当“磨坊主”，那多带劲！小牛顿一听，对！可是，假人儿不能动呀！他突然想到捕鼠器今天刚好逮住一只大老鼠。于是，他把那只老鼠抓来，给它穿上深灰色的外套，扔进风车，让它当起“磨坊主”。那只穿了衣服的大老鼠在里面一爬一跳的，样子十分滑稽可笑。小牛顿对他的小朋友说，我这是“老鼠磨坊”。

消息传开，很多人都来参观小牛顿造的这个“老鼠磨坊”了。

（三）迷恋于昆虫和动物

法国的法布尔是一位很有名望的昆虫学家。他出生在一个偏僻但山清水秀、乐趣无穷的小山村里。法布尔小时候，祖母养了不少鸡鸭。法布尔常常发现祖母抓些虫子给鸡吃。每当祖母手里拿着装昆虫的瓶子喂鸡时，法布尔就趴在栅栏外边出神地看着小鸡抢虫子吃的情景。

法布尔为了让奶奶高兴，每天抓虫子喂小鸡。抓着抓着，法布尔对各种各样的小昆虫感兴趣了。他通过观察、接触，掌握了很多昆虫的习性。

法布尔考上师范学校以后，对生物学非常感兴趣，特别是对昆虫更是偏爱。他常常把美丽的蝴蝶分类，做成标本，夹在夹子里。他还在毕业的讲演会上讲演了如何善于区分害虫和益虫的方法，显露了他对昆虫学研究的独到方法。

毕业后，他除了完成中学的教学任务以外，仍致力于昆虫学的研究。他提出的“人工养殖益虫”“利用益虫去治害虫”等方法，对昆虫学的发展做出了贡献。之后，他又完成了《昆虫记》等多种流传于世的不朽之作。

从上述的例子中可以看出，孩子特殊地喜欢某一动物或某件物品，就有可能对它产生各种各样的想象。引导得当，也许这一特殊的爱好，会成为他终生执着研究的对象。

(四) 迷恋于理智的遐想

遐想，即悠远的思索或想象，它源于一种理性的思维，而不是随意地胡编乱造，一般说来是在原有感知材料的基础上，经过新的组合，形成全新的、有目地性的、完整的思索或想象。

想象力较强的孩子能够在结合原有感知材料的基础上，经过新的组合，有目的、完整地想象出事物的形象来。比如，有的孩子听到别人谈论一个物品、回味到过某个风景胜地旅游、评价某一幅图画作品等情景时，虽然孩子没有见过这个物品、没有到过这个风景胜地旅游、没有欣赏过某幅作品，但他也能凭借自己的语言利用想象来描述它。这个时候，千万不要给他泼冷水：“你又没有见过，可别瞎说了！”实际上，这正是他有意识地进行想象的结果。

大家知道，世界著名的数学难题中，有一道“哥德巴赫猜想”。这道难题吸引了世界上众多数学家为之日夜攻读、长年累月地研究。我国数学家陈景润，对此研究已远远地走在了世界各国数学家的前面。那么，为什么它叫“哥德巴赫猜想”呢？这是指德国数学家哥德巴赫在200多年前提出的一个关于数字结构的“猜想”。当然，这“猜想”不是胡思乱想，而是有目的、完整的，但尚未证实的一种科学想象。

大家也知道，很多科学幻想小说中所描述的东西，在当时均属幻想。但是，几十年、几百年以后，很多幻想都变成了现实。这说明科学幻想不是胡思乱想，而是一种合乎某种情理的想象。

还有一个例子更能说明问题。有个9岁的孩子，听了大人们谈论有关宇宙飞船的事情后，他就立即想象出了宇宙飞船是用光源来做动力的。大人惊奇地问他：“为什么要用光来做动力呢？”他说：“光到处都有呀！整个宇宙中每个恒星都能发出光，宇宙飞船飞到哪里不就都有能源了吗！”你看，孩子虽然不知道现在已经有很多卫星用的能源就是光源，但他却想到了！当问他是怎么想的，他说：“我见到了太阳灶，就想到太阳能除了用来烧水做饭以外，一定还可以有别的用场，于是，就想到宇宙飞船上去了。我又想，光是世界上跑得最快的，要是用光来带动宇宙飞船，用不了一会儿，不就从地球到月亮上啦！”

孩子，既简单又复杂。说他简单，因为他们天真幼稚，纯洁无瑕；说他复杂，因为他们有许多心理活动，大人往往不理解。关心孩子的成长，就要关心孩子的想象力。因为孩子的丰富想象会成为未来成才的希望。

四、多角度赏识让孩子充满自信

尊重和爱是孩子的基本心理需要，由衷地欣赏、赞美孩子，需要家长学会从多个角度发现孩子的闪光点，用发自内心的喜悦感染、打动孩子，使其保持健康积极的心理状态。

角度一：正面强化、赞扬孩子众所周知的优点

6 岁的卡斯帕很有环保意识，常把小区里的果皮、纸屑捡起来放进垃圾箱，被小区管理处评为“环保小卫士”。可是，最近卡斯帕保护环境没有以往积极了，因为爸爸妈妈觉得孩子环保方面的表现已经受到了肯定，便不再表扬他这种行为，卡斯帕拿回“环保小卫士”的奖状时，他们只是随意看了一眼，就再也没有提起。孩子的积极性受到了打击，慢慢失去了保护环境的兴趣。

孩子在表现优秀的时候，最期望听到爸爸妈妈的鼓励与肯定。积极的正面肯定，才能使孩子感受到父母发自内心的爱和喜悦，给孩子带来愉快的心理感受，强化他正面的表现，促使他努力做得更加完美。

角度二：全面肯定，赏识孩子的优点

调皮的丹尼常会给父母招惹一些小麻烦，但有时也会主动做些好事，把摔倒的小朋友从地上扶起来，帮粗心的阿姨找到丢在角落里的钥匙……

看到丹尼帮助人的时候，爸爸妈妈总会充满喜悦地赞扬孩子：“丹尼真懂事，这么小就知道帮助别人，将来长大了一定很了不起！”在父母的赞扬声中，丹尼一天天懂事了，不再沉湎于捉弄别人带来的小小乐趣，而把精力转移到帮助别人上。

爸爸妈妈发自内心的赞扬是引导孩子一步步走向真、善、美的动力。家长如果总是把眼光盯在孩子的过错上不放，就会心生焦虑，对孩子的教育缺乏耐心与信心，会导致孩子往消极的方向发展。在纠正孩子捣乱等错误行为的同时，用心发现他身上的优点，细心捕捉他的每一点进步，及时加以肯定和鼓励，孩子就会逐步改掉不良习惯，强化优秀的品质。

角度三：沙中淘金，赏识孩子错误中的闪光点

刚上小学的萨姆成绩不太好，很少受到父母和老师的表扬。在学校的一次表扬大会上，很多做了好事的孩子都得到了表扬，让萨姆十分羡慕。一天，他交给老师100元，说是在上学路上拾到的，当天就受到了学校广播站的表扬，这让萨姆兴奋得满脸通红。

那一天，他读书的声音特别响亮，作业写得特别工整。可是第二

天，萨姆却垂头丧气地来到了学校，原来他为了得到表扬，竟然偷拿了家里 100 元，被爸爸发现后暴打一顿。幸好老师了解到真相后及时和家长联系，做父母的也检讨了自己的冲动行为，肯定了孩子出发点是好的，才慢慢让萨姆又找回了笑容。

在工作和生活中，成人因为期望得到别人的尊重与肯定，偶尔也会犯些连自己都难以置信的错误，小小年纪的孩子又怎么能够避免呢？发生这样的事情时，家长一定要保持头脑冷静，客观分析孩子这样做的深层原因。如果孩子是为了获得尊重和肯定而犯的错误，至少有令人欣慰的地方：孩子想听表扬，想要上进。家长要肯定这一点，多找机会表扬孩子，满足他们的心理需要，在此基础上引导孩子用正确的方式来获得肯定。

角度四：独辟蹊径，赏识孩子的与众不同点

米娅性格有些内向，常被小朋友冷落。因此她不太喜欢出门，闲下来时就给家里的小狗洗澡、梳理皮毛，把学习和生活中发生的事编成故事说给它听。米娅的父母担心孩子将来不能与人和谐相处，但转念一想，光着急也没有用，还不如引导孩子把说给小狗听的故事记录下来。米娅妈妈把孩子记下的故事投到儿童杂志，竟然有几篇发表了，这让米娅感到了成功的快乐，不少小朋友也开始要求米娅讲故事给他们听，时间长了，米娅性格逐渐变得开朗起来。

世界上没有两片完全相同的树叶，也不会有两个相同的孩子，每个孩子都有自身的特点，有着轻微自我封闭倾向的孩子有时更会令大人觉得难以理解。这些特点是孩子人格的一部分，简单的斥责和生硬的要求只能激起孩子的逆反心理，把他推向不健全人格的深渊。发现孩子具有负面的性格特点时，家长先要反省自己的教育方式，寻找孩子特殊性格中的积极因素，因势利导，帮助孩子一步步走出狭隘的天地，在人际交往和社会生活中找到更多的乐趣，逐渐成为一个优秀的孩子。

五、赏识孩子的努力，而不是赞扬他的聪明

有一位到北欧做访问学者的人经历过这样一件事：

周末，她到当地的一位教授家中做客。一进门，她就看到了教授5岁的小女儿。小女孩满头金发，漂亮的蓝眼睛让人觉得特别清新，她不禁在心里称赞小女孩长得漂亮。当她把从中国带去的礼物送给小女孩的时候，小女孩微笑着向她道谢。这时，她禁不住夸奖道：“你长得这么漂亮，真是可爱极了！”

这种夸奖是中国父母最喜欢用的，但是，那位北欧教授却并不领情。在小女孩离开后，教授的脸色一下子就阴沉下来，并对中国访问学者说：“你伤害了我的女儿，你要向她道歉。”

访问学者非常惊奇，说：“我只是夸奖了你女儿，并没有伤害她呀?”但是，教授坚决地摇了摇头，说：“你是因为她的漂亮而夸奖她，但漂亮这件事，不是她的功劳，这取决于我和她父亲的遗传基因，与她个人基本上没有关系。但孩子还很小，不会分辨，你的夸奖就会让她认为这是她的本领。而且她一旦认为天生的漂亮是值得骄傲的资本，就会看不起长相平平甚至丑陋的孩子，这就给她造成了误区。其实，你可以夸奖她的微笑和有礼貌，这是她自己努力的结果。所以，请你为你刚才的夸奖道歉。”

中国的访问学者只好很正式地向教授的小女儿道了歉，同时赞扬了她的微笑和礼貌。

这件事让这位访问学者明白了一个道理：赏识孩子的时候，只能赏识孩子的努力，而不应该赏识孩子的聪明与漂亮。因为聪明与漂亮是先天的优势，而不是值得炫耀的资本和技能，但努力则不然，它是孩子后天的个人行为，应该予以肯定。

在人生的旅程中，聪明的人，常常在最后变笨了；而笨的人，却常常在最后变聪明了。遇到寒冷酷热，聪明的人逃开了；笨的人亲身尝试，却意外地在寒冷酷热中成长。笨的人逐渐认识到：“努力不一定会成功，但成功却永远需要努力。”孩子的容貌也是如此，长得怎么样不能决定孩子以后生活得怎样。大多数情况下，努力才是决定孩子今后生存状态的重要因素。

聪明是一种个人资源，从大人到孩子，人们都会为自己拥有这一资源而自信和自豪。所以，孩子都愿意别人夸他聪明，甚至有很多孩子为了得到聪明的“头衔”，常常在同伴面前装作不怎么努力的样子，但回到家里却拼命地学，从而保证好的成绩。这样一来，很多孩子都形成一种错觉，以为聪明就是一学就会，样样都会，不需要努力就能取得成绩，所以争相效仿，导致很多孩子都不努力学习。

那些经常被称赞为聪明的孩子，往往把分数看成自己的聪明所得，把分数高低看得比什么都重要，一遇挫折就容易灰心，且不愿意也不敢接受新的挑战；而那些被夸奖为努力的孩子，则更愿意做出新的大胆尝试，会尽自己最大努力把它们做好。所以，家长若想激励孩子在学习上取得更好的成绩，最好的办法不是赞扬他们聪明，而是鼓励他们刻苦学习。

史蒂文小的时候学东西比别的孩子慢半拍，为此，他的父母非常苦恼。史蒂文上小学了，就当父母都认为史蒂文不会有什么好成绩的时候，史蒂文却带回了一张 100 分的试卷。这是一张数学测验的试卷，上面被老师画满了红色的勾勾。

“这是你的卷子吗?”爸爸吃惊地问史蒂文。

“当然是我的，上面有我的名字啊!”史蒂文自豪地对爸爸说。

“史蒂文真不错，告诉妈妈你是怎么考出这么好的成绩的?”妈妈问道。

“老师讲课的时候我经常听不太懂，所以下课之后同学们都出去玩，我就把不懂的地方拿去问老师，老师再给我讲一遍，我就全懂了！做作业的时候如果有不会做的题，我就把老师讲的课再复习一遍，不会做的题也就会做了。所以考试的那些题目我都会做，就考了100分。”史蒂文高兴地对妈妈说。

听了史蒂文的话，妈妈的眼圈一下子红了：虽然自己的孩子算不上聪明，却如此好学和努力。

“史蒂文真努力，是我们的好孩子！”妈妈含着泪说。

有一位老师曾经这样表达他的观点：在一个学校或者班级，通常有两种学生是最受老师喜爱的：一种是非常聪明又非常努力，从来都不因为自己的聪明而骄傲自满的；另一种是不算聪明却非常努力，从来都不为自己的不聪明而自卑的。由此可见，努力的孩子到哪里都是受欢迎的。

作为父母，应该赏识孩子的勤奋和努力，对他们的努力给予最热情的支持和鼓励。不要因为自己孩子的不聪明而气馁，而应该为孩子的不努力而担心。要始终记住一句话：“所谓天才，是百分之一的聪明加百分之九十九的勤奋!”很多情况下，父母应该故意淡忘孩子的聪明，而重视孩子的努力，并把这种理念传递给孩子，让他们感觉到只有努力才能获得父母的认可和夸奖，进而逐步明白一个道理：聪明往往只能决定一时的成败，而努力则决定了一世的命运。

当孩子在学习或其他方面取得优异成绩时，不要把这个成绩归功于

孩子的先天优势，而是把关注点集中在孩子的后天努力上。应该告诉他：“成绩真不错，这都是你努力学习的结果！”

当孩子通过自己的努力做好了一件事情的时候，父母应该这样赏识和赞扬他：“真是个努力的好孩子！”

六、走出赏识教育的误区

下面这些漂亮话你一定对孩子说过不止一次，因为不少家教文章就是这么教父母的。

事例1：沃伦从幼儿园回来后对妈妈说：“我一点也不喜欢兰德尔。”

妈妈回答：“别这么说，兰德尔是个好孩子。”

你本意是希望孩子能与他人友好相处，不想他对别人过分地指责。但孩子毕竟是在向你表达观点，你不加分析地就一口否定，等于也否认他对小伙伴的判断力，很可能抑制他今后判断他人、发展人际关系的能力。

孩子不喜欢他人总有一些理由，还是同孩子聊聊吧，问问他：“兰德尔对你怎么了？他做了什么事情让你不高兴了？下次碰到他准备怎么办？”通过这种方式来解决孩子间的问题。

事例2：6岁的塞缪尔告诉妈妈今天她的画得到了老师的表扬。

妈妈回答："我早就知道你是最棒的。"

如果总是用"最漂亮的""最可爱的""最能干的"这样的语言鼓励孩子，会在不知不觉中给孩子太多的压力，令孩子对自己的期望过高。一旦孩子渐渐发觉并非如此，反过来有可能导致自我怀疑，并随之产生自卑、嫉妒等负面情绪。

不要不切实际地表扬孩子。"今天你真漂亮"比"你是最漂亮的"要好得多。"这个故事真有趣"比"你讲故事是全班最棒的"更合理。

事例 3：曼达从幼儿园回来闷闷不乐，因为小朋友嘲笑她有个大蒜头鼻子。

妈妈回答："你的鼻子挺漂亮啊，妈妈就喜欢你这个样子。"

妈妈当然知道自己不过是在宽慰孩子，可是你觉得孩子就不知道吗？这宽慰并不能真正解决孩子的问题。她甚至可能会因为你不理解她的伤心，从而一个人把不快压在心底，不再对你说什么，在今后的社交中出现心理障碍。

正确的做法应该是先问问她是不是在和谁做比较，然后告诉她每个人的相貌都有自己的特点，这是无法比较的。多说几次孩子就会习惯于接受现实。当然，对于能够改变的现实你也可以给孩子提出积极的建议，比如说孩子认为她不够高大，你可以鼓励她多吃饭、多参加运动。无论怎样，你首先要表现出理解孩子的不快，千万不要一上来就乱安慰。

“赏识”不能简单地等同于“赞扬”或“奖励”，如果说后两者更多地针对孩子已完成的良好行为、已取得的优秀成绩，目的是给予孩子肯定的评价，那么，赏识的更大的作用应该是针对孩子做事的过程、努力的过程，目的是让孩子有信心坚持下去。

（一）为孩子设定“小目标”

不要认为赏识一定要夸奖孩子，针对孩子的实际情况，为孩子设定一个“够得着”的小目标，这本身就是一种有效的赏识，而且这种情况下的赏识不会产生“副作用”。

让孩子养成一个习惯，在晚上睡觉前问自己一个问题，比如：今天，我为我的目标做了些什么？不要求孩子记日记，但鼓励孩子在“目标日历”上写点或画点什么，比如画上一张笑脸……

（二）在孩子犹豫迟疑的时候给予支持和鼓励

赏识最发挥作用的时候，应该是孩子想“跳”又有点怕的时候。这时，“赏识”就是一只有力的手在孩子后面用力推一把。尽量少用奖励诱惑孩子，要让孩子前进的动力来自自身，而不是外在的诱惑。不要过分强调孩子的潜能，强调孩子“一定能行”，这种办法对一部分孩子管用，而对另一些天性比较胆怯的孩子来说，可能反而增加了心理负担。

（三）在孩子失败的时候加以赏识

失败的时候也要赏识吗？有些父母可能不理解。其实，孩子失败的时候可能更需要这件“武器”。如果这时不“赏识”孩子，孩子可能得到的不仅是失败，而且还有失败留给他的沮丧心情，这可比失败本身可怕多了。

不要讳言孩子的失败。失败就是失败，怎么样也不能把失败说成成功，这是没有说服力的。同时，也不能把失败归因于客观因素，让孩子正面自己的失败，这是第一课，也是很重要的一课。

七、不要想当然地怀疑孩子

对孩子取得的好成绩产生怀疑，是一些父母常有的心理。孩子把自己取得的好成绩报告给父母，是想博得父母的赞赏，让父母高兴。而父母说出一些怀疑的话，无异于给孩子当头一棒，这对于孩子以后的心理成长极为不利。

父母在听了孩子优异成绩的报告后，应该首先表示祝贺。然后，和孩子共同分析这次取得好成绩的原因，鼓励孩子以此为起点，继续进取。要让孩子懂得，只要认真学习，勤奋努力，更大的收获还在后头。若孩子是个差生，父母更应该珍视这一鼓励、教育孩子的最佳时机，用心做一篇鼓舞孩子自信的文章。一起来看下面这则小故事：

记得读小学的时候，每星期都有作文课。语文老师除了在作文卷上留有批语外，还把全班同学的作文排出名次。我本来就喜欢作文，再加上写作时很努力，所以成绩总是名列前茅。

有一次，语文老师布置的作文题目是“北风”（或是“春风”，我记不清了），写完后我感觉很得意，觉得下星期发还时，我一定是在前几名之中。没想到，作文卷发还时，不仅前几名没有我，甚至中间也没有，而是排在最后一名。

下课后，我去问语文老师为什么。老师说：“这不像你这个小学生写的，一定是从别处抄来的。”我说：“这确实是我写的。”老师说：“你不可能写得这么好，肯定是抄的。你如果说不是抄的，拿出证明来！”我无从反驳，委屈地哭了一场。

小时候的很多事情，现在几乎都忘记了，唯独这次所受的委屈记得清清楚楚。无独有偶，我在读大学三年级时，又发生了一次类似的事情。那是在关于交流电路的考试中，我另辟蹊径，用一种新的方法把其中最难的一道题目做了出来，不由得十分得意。没想到试卷发下来，这一题我竟然得了零分——教授说我解题的方法一定是从别处抄来的。于是我在小学时所受的委屈又重演了一次。

时光流水似的逝去，直到有一天我在美国当了教授，又一次遇到类似的事件。不过这次我扮演的不是学生，而是老师。有一个学生提交了一篇学期论文。我翻来覆去地阅读他这篇论文，发现不仅风格清新，而且很有创意，令人不能相信这是一个大学生所作。

我很自然地怀疑他是从什么地方抄来的，这样的话，就可以给他判不及格。我到图书馆查了两天最新的期刊，看看有无类似的东西，却没有得到结果。于是我请教一位同事，问他该怎么办。同事对我提出的问题显得十分惊讶。他说："如果你没有足够的证据，那么你就不能说他的论文是抄袭的。学生并没有义务去证明他的论文是否抄袭。我觉得这是常识，你却觉得这是个问题，好奇怪！"

听了这一番教训，我深有感触，又想起了我在小学和大学中受到的那两次委屈，于是毫不犹豫地给了这个学生"优秀"的评语。

这篇短文告诉我们，老师、父母的"想当然"对孩子的自尊心和自信心具有很大的杀伤力。今天，孩子因得不到足够的信任而逃学、厌学的事例不胜枚举。我们真应该丢掉"莫须有"的大棒，让孩子轻松地得到鼓励、信任和支持了。